Im Islam zu philosophieren, bedeutet, die von der muslimischen Tradition überlieferten Texte den Ansprüchen der Vernunft auszusetzen. Das muslimische kulturelle Universum hat seit Avicenna, Averroes und Ghazali nicht aufgehört, diesen anspruchsvollen Dialog zwischen dem offenbarten Wort und einer Vernunft zu führen, die zu freier Interpretation aufruft.
In einer Zeit, in der überall die Versuchung der Verschließung und Absonderung lockt und die Gefahren von Kulturkonflikten wachsen, spricht dieses Werk deutlich die Einladung aus, an die alte Tradition des Austauschs anzuknüpfen und die Arbeit an den Fragen unserer Gegenwart damit zu befruchten. Eine Lehre der Vernunft und der Hoffnung.

Souleymane Bachir Diagne, 1955 im senegalesischen Saint-Louis geboren, ist Professor für Französisch und Philosophie an der Columbia University in New York.

PHILOSOPHIEREN IM ISLAM

PASSAGEN THEMA

Souleymane Bachir Diagne
Philosophieren im Islam

Aus dem Französischen von
Richard Steurer-Boulard

Passagen Thema
herausgegeben von
Peter Engelmann

Passagen Verlag

Deutsche Erstausgabe
Titel der Originalausgabe: *Comment philosopher en islam?*
Aus dem Französischen von Richard Steurer-Boulard

Dieses Buch erscheint im Rahmen des Förderprogramms des französischen Außenministeriums, vertreten durch die Kulturabteilung der französischen Botschaft in Berlin.

INSTITUT FRANÇAIS
DEUTSCHLAND

Die Deutsche Nationalbibliothek verzeichnet diese Publikation in der Deutschen Nationalbibliografie; detaillierte bibliografische Daten sind im Internet über http://dnb.dnb.de/ abrufbar.

ISBN 978-3-7092-0427-6

Grafisches Konzept: Gregor Eichinger
Satz: Passagen Verlag Ges. m. b. H., Wien
http://www.passagen.at
Druck: Ferdinand Berger & Söhne GmbH, 3580 Horn

Inhalt

Für Maïmouna und Elsa

Vorwort zur deutschen Ausgabe

Im Jahr 2008 wurde dieses Buch zum ersten Mal veröffentlicht. Der Titel warf die Frage auf, welche Bedeutung man einem „Philosophieren im Islam“ geben könne. Die Entscheidung für diese Formulierung drückte den Wunsch aus, nicht nur zu den ausgezeichneten bestehenden „Geschichten der islamischen Philosophie“ ein paar Kapitel hinzuzufügen, sondern mittels der hier diskutierten Persönlichkeiten und Texte zwei Zielen näherzukommen, die mir heute besonders wichtig erscheinen: erstens der Entkolonialisierung der Philosophiegeschichte und ihrer Lehre; zweitens, daran zu erinnern, dass der Islam vor allem eine intellektuelle und geistige Tradition darstellt, die auch in unserer Zeit offen ist für die Diskussion der Probleme, mit denen wir weltweit konfrontiert sind.

Was bedeutet es also, die Philosophiegeschichte zu entkolonialisieren, und inwiefern trägt *Philosophieren im Islam* zu dieser Entkolonialisierung bei? Man kennt den mittelalterlichen lateinischen Ausdruck der *translatio studii* (oder im Plural: *studiorum*), der verwendet wurde, um von der Vermittlung des philosophischen Wissens Griechenlands zu sprechen. Die Lehre der Philosophiegeschichte, so wie sie im Abendland und in der Welt, die seinem Einfluss unterliegt, kanonisiert wurde, hat dieser Übertragung die Bedeutung des kontinuierlichen und in bloß in eine Richtung verlaufenden Wegs gegeben. Dieser Weg habe von Athen nach Rom und von Rom zu den anderen großen europäischen Universitätsstädten, nach Heidelberg, Paris und London geführt. Die *translatio* bleibt somit eine ausschließlich europäische Angelegenheit und die Philosophie kann nur das besondere *telos* dessen sein, was Edmund Husserl die „europäische Menschheit" genannt hat.

Das ist jedoch nicht die Definition, die Roger Bacon (1214–1294) von diesem Schlüsselbegriff des Mittelalters gegeben hat, als er erklärte, dass Gott die Philosophie zuerst seinen „Heiligen" in hebräischer Sprache gegeben habe, dass sie danach in griechischer Sprache, vornehmlich von Aristoteles, erneuert worden sei, bevor das abermals in arabischer Sprache, vor allem durch Avicenna, geschehen ist. Und hinsichtlich des Lateinischen fügt er hinzu, dass es Übersetzungen ausgehend von Fremdsprachen erhalten hat, aber dass in dieser Sprache keine Philosophie „gebildet" worden ist.[1]

Der erste Akt der Entkolonialisierung der Philosophiegeschichte besteht also darin, die Wirklichkeit der *translatio studii*, von der Bacon spricht, der späteren Erzählung entgegenzusetzen, die sie als Ausdruck einer Ausnahmestellung Europas konstruiert. Die Wirklichkeit besteht darin, dass die Weitergabe Wege eingeschlagen hat, die sie von Athen nach Nischapur, Cordoba, Fez und Timbuktu, ins Herz von Westafrika geführt hat. Diese Wirklichkeit sagt auch, dass die Philosophie nicht natürlicherweise, wesentlich oder notwendigerweise Griechisch, Lateinisch, Deutsch oder irgendeine andere Sprache Europas spricht: Sie spricht auch Arabisch und andere Sprachen der moslemischen Welt. In diesem Buch findet sich auch ein Kapitel über die Frage des Philosophisch-Werdens einer Sprache durch die *translatio*.

Es wird darin die Geschichte der Übersetzung der griechischen Philosophie diskutiert, aber mehr noch die moderne Frage, wie viel die philosophischen Kategorien, für so universell man sie auch halten mag, den Kategorien unserer Sprachen verdanken.

Ich wollte, dass dieses Buch auch mit einem Kapitel endet, das eine malinesische Persönlichkeit des 20. Jahrhunderts präsentiert, nämlich Tierno Bikar Salif Tall, genannt „der Weise von Bandiagara". Dieses Kapitel verfolgt mehrere Ziele. Ein erstes Ziel besteht darin, daran zu erinnern, dass der Weg der *translatio studii* durch Nordafrika auch ins Herz von Westafrika führt, in die Zentren der Gelehrsamkeit und Bibliotheken, deren bedeutendstes Timbuktu ist, die kulturelle Hauptstadt der Reiche von Mali und Songhay. Dass die Sahara also keine Mauer ist, die zwei afrikanische Welten trennt, den Maghreb und das, was Hegel „das eigentliche Afrika" nannte, als er in seinen *Vorlesungen über die Geschichte der Philosophie* von diesem Kontinent sprach. Der „Weise von Bandiagara" im Zwanzigsten Jahrhundert ist also hier ein Zeuge für eine intellektuelle und spirituelle Tradition, die mit der Islamisierung Westafrikas entstand und die also zumindest bis ins 10. Jahrhundert zurückreicht. Gegen einen bestimmten Ethnozentrismus innerhalb der muslimischen Welt, der Afrika südlich der Sahara, was seinen intellektuellen und spirituellen Beitrag zur islamischen Zivilisation betrifft, für eine Randregion hält, versucht dieses Kapitel auch daran zu erinnern, dass man die Geschichte des philosophischen Denkens ebenso gegen einen solchen Ethnozentrismus verteidigen und entkolonialisieren muss. Schließlich war ein wesentliches Ziel dieses Kapitels natürlich, die für unsere Zeit wichtige Lehre des Pluralismus und der Toleranz zu beleuchten, die die Lehre des „Weisen von Bandiagara" trägt, die ich am Ende die Weisheit der Liebe genannt habe.

Das führt mich zur zweiten großen Zielsetzung dieses Werks, das sich aus den Vorlesungen über *Islamische Philosophie* speist, die ich an den Universitäten von Dakar und der Northwestern University gehalten habe und heute an der Columbia University noch immer halte. Es ist wichtig, die Philosophie in der muslimischen Welt als einen Moment und einen Aspekt der Philosophiegeschichte zu lehren, weil es in unserer weitgehend über die Geopolitik des *Islamismus* gespaltenen Welt notwendig ist, daran zu erinnern, dass der *Islam* eine intellektuelle und spirituelle Tradition darstellt; dass philosophieren auch in dieser Tradition heißt zu zweifeln, zu untersuchen, in Frage zu stellen, zu argumentieren und zu interpretieren. Das macht aus dem Denken im Islam das, was Henri Bergson eine dynamische Religion genannt hat, die eine offene Gesellschaft beständig beseelen muss. Das ist das Projekt von Muhammad Iqbal, einem modernistischen Autor, dessen Philosophie über das Kapitel, das sich ihm hier widmet, hinaus diesem Buch den allgemeinen Tonfall und die grundsätzliche Orientierung verleiht.

Vorwort zur französischen Ausgabe

Dies ist die dritte Ausgabe des Buches *Comment philosopher en Islam?*. Es wird letztlich in drei verschiedenen Verlagen erschienen sein, zuerst bei *Panama* in der Reihe „Cyclo" unter der Leitung von Roger-Pol Droit, dann bei *Phoenix* und heute beim Verlag Jimsaan, der von Felwine Sarr, Boubacar Boris Diop und Nafissatou Dia Diouf ins Leben gerufen wurde.

Ursprünglich hat mich der Philosoph Roger-Pol Droit dazu überredet, einen Text zu schreiben, der in großen Zügen die Philosophie im Islam darstellen soll. Warum diese fragende, problematisierende Wendung – „wie philosophiert man ...?" – bei einer einfachen Darstellung einiger Philosophen der muslimischen Welt? Bedeutete das nicht, so fragten mich einige Leser, die ich getroffen habe oder die mir geschrieben haben, der Skepsis eine übermäßige Bedeutung beizumessen, die bei manchen die Verbindung der Wörter „Islam" und „Philosophie" hervorruft? Würde dadurch nicht die Möglichkeit suggeriert, eine Religion, die nach Auffassung dieser Leser einen blinden und unvernünftigen Glauben darstellt, könne sich ihrerseits auf das Infragestellen, Zweifeln und Nachforschen gründen, die das Vorgehen der Kritik und damit die Philosophie selbst ausmachen?

Die Frageform war das Markenzeichen der Buchreihe; aber die eigentliche Antwort kann nicht in dieser Erklärung liegen. Die Frage *Wie philosophiert man im Islam?* war und ist Ausdruck der Feindseligkeit einiger muslimischer „Denker“ gegenüber einer Disziplin und Methode, die sie für nutzlos und zersetzend halten, wenn es darum geht, in gutem Einvernehmen mit dem zu stehen, was die Religion von uns zu denken, zu glauben und zu tun verlangt. Sobald die islamische Welt mit der „Liebe zur Weisheit“ der Griechen in Berührung kam, traten Hüter des „islamischen Wissens“ auf den Plan, um ein absolutes Misstrauen gegenüber einer „Weisheit“ zu fordern, die keine Weisheit sein könne, sofern sie nicht aus einer Offenbarung stamme und die daher diejenigen nichts lehren könne, die ihr Wissen allein aus der Offenbarung zu beziehen haben.

Ghazali (gestorben 1111) attackierte bekanntlich die Philosophen und beschuldigte ihre Vernünfteleien, zu ketzerischen Thesen zu führen, während er sich gleichzeitig – gegen andere Sekten und Interpretationen des Islam – für das Sunnitentum und die Aschariya einsetzte. Aber derselbe Ghazali offenbart sich in der erstpersonalen Erzählung seiner Suche nach Gewissheit und seiner *Errettung aus dem Irrtum* als ein moderner Philosoph, der zeigt, wie die Mystik an der Spitze des Rationalismus gedeiht. Und in seiner Reflexion über die Koranverse und die Traditionen, die Gott als Licht darstellen, erklärt er, dass der Pluralismus (der kein Relativismus ist) notwendig sei, da die Wahrheit sich in vielfachen Erscheinungen bricht. Der Philosoph Averroes, der auf seine Angriffe reagierte, nahm im Übrigen die Ausfälle des ascharitischen Theologen gegen diejenigen, die in der Offenheit für die Weisheit und die Wissenschaften der Griechen gedacht haben, nie ernst: „Abu Hamid [Ghazali] bleibt einer von uns“, sagt er im Namen der Philosophen.

Bekanntlich hat das Denken Ibn Taimiyas auf all diejenigen Einfluss ausgeübt, die mit ihm in einem Aufwasch Schiiten, Philosophen oder Sufis verdammen. Selbst Ghazali entgeht nicht dem Anathema, vom gestrengen Gesetzesgelehrten unter die „sogenannten Philosophen" und/oder „sogenannten Sufis" gereiht zu werden.[2] Es ist nicht uninteressant festzustellen, dass er gerade als Autor *der Kostbaren Perle im Wissen des Jenseits* verurteilt wird, eines Buches, das die gemeinsame Sprache der Philosophen und der Mystiker spricht.

Unserer Gegenwart näher behauptete Sayyid Qutb, die Dichtung des indischen Denkers Mohamed Iqbal zu lieben, lehnte es aber ab, sich auf dessen Philosophie einzulassen, so wie sie in Iqbals Prosa dargelegt ist, durch die sich seine Dichtung doch erhellen lässt. Man erkennt leicht, weshalb: Verse kann man sagen lassen, was man zu hören wünscht, um leichter die Aufgabe ignorieren zu können, zu der Iqbal einlädt, nämlich mit den Philosophen, auch wenn sie keine Muslime sind, wie Henri Bergson, die Bedingungen einer „Wiederbelebung des religiösen Denkens im Islam" zu denken.

Wer sich weigert, als Philosoph und mit den Philosophen zu denken, glaubt damit zu behaupten, dass der Islam sich selbst genüge, dass er selbst seine eigene Philosophie sei. Wer würde das Gegenteil behaupten? Diese Behauptung ist nämlich schlicht und einfach eine Tautologie, wenn man unter „Philosophie des Islam" die Lehren, Rituale, Dogmen und Vorschriften der Religion versteht. Doch diese „Philosophie", als Wahrheit der Religion, dem Irrtum der „fremden" Wissenschaften und dem entgegenzusetzen, was einst Al Farabi, Avicenna oder Averroes im Dialog mit den Weisheiten Griechenlands und anderer Länder, heute Iqbal im Gespräch mit

Bergson und andere nach ihm gedacht und geschrieben haben, hat keinen Sinn. Dieser Unsinn hat jedoch verheerende Auswirkungen, die wir in der heutigen Welt feststellen, wenn Bewegungen sich darauf stützen, muslimischen Mädchen oder Muslime im Allgemeinen mittels Mord das Recht auf Bildung (die sie absurderweise als „westlich" bezeichnen) zu verweigern. Deshalb muss man für die Philosophie kämpfen. Dieser Kampf war immer und ist weiterhin der Kampf für das Licht der Erziehung gegen den Geist der Verschlossenheit und gegen den Fanatismus, zu dem Letztere führt. *Erziehen* – die Etymologie des Wortes macht das deutlich – bedeutet, aus der Selbstverschlossenheit auszuziehen, im Namen der Pflicht, sich selbst zu erkennen, um besser zu sich zurückzukehren. Der Befehl des Propheten, sich auf die Suche nach dem Wissen zu begeben, „und sei es bis nach China", bedeutete nichts anderes. Zu sich zurückkehren, sich verbessern, das heißt seine Bewegung wiederaufnehmen: Darin steckt die Aufgabe der Wiederbelebung, zu der Iqbal aufruft. Und jene, die in diesem Buch dem Philosophieren im Islam Gestalt verleihen, machen auf unterschiedliche Weisen diese Aufgabe deutlich.

New York, den 3. November 2013

Einleitung
Dialoge

„Philosophieren im Islam“ und nicht „islamische Philosophie“, selbst wenn „islamische Philosophie“ die übliche Bezeichnung in der Nomenklatur der universitären Lehre und der unterschiedlichen „Geschichten der islamischen Philosophie“ ist. Ich habe sie selbst unter anderem unterrichtet und weiß aus Erfahrung, zu welchen Missverständnissen dieser Ausdruck führen kann.

Manchmal erwartet man von dieser Bezeichnung, dass sie erklärt, welche Philosophie aus dem Islam „hervorgeht“, gleichsam als Quintessenz der Blüte. Im Islam philosophieren heißt im Gegenteil, im Universum der muslimischen Kultur den Dialog fortzusetzen, in dem die Philosophie beständig und von Rechts wegen überall entsteht. Eine Form des Dialogs ist die Übersetzung von Texten, insofern die Übersetzung immer Veränderungen und Hybridisierungen in die Sprache, die die Texte empfängt, einführt. Das Philosophieren im Islam ist somit zuerst durch die Übersetzung griechischer Werke ins Arabische und durch den Austausch entstanden, zu dem die Gedanken, die diese Werke ausdrücken, geführt haben. Man hat also, um nur ein Beispiel zu nennen, der *Theologie des Aristoteles* eine entscheidende Rolle zugeschrieben. Später stellte sich heraus, dass sie von Plotin stammt, denn tatsächlich handelt es sich um die ersten Bücher der *Enneaden*.

Dialoge also mit Plotin, Platon, Aristoteles, heute mit Nietzsche, Bergson und anderen … Die Kapitel, die man lesen wird, stellen mehrere Dialoge dar, von denen manche im Traum stattfanden, andere waren Konfrontationen oder sogar richtige Gefechte. Sie sagen uns vor allem, dass die Philosophie im Islam nicht durch die Selbstverschlossenheit eines geistigen Universums gekennzeichnet ist, das abseits jenes Abenteuers stünde, das man als „westlich" nur dann definieren kann, wenn man es von allem abschneidet, was nicht aus dem „Westen" stammt und von dem es doch auch zehrt.

Dialoge auch deshalb, weil die Philosophie nicht „hervorgeht", kein natürlicher Ausdruck weder einer Kultur noch einer Religion ist. Sie ist jenes oft lebhafte Gespräch, in dem Personen begriffen sind, die wissen, was freies Denken bedeutet und wert ist, und dies verlangt, sich von den unmittelbaren Bedeutungen frei zu machen, in denen uns die Kulturen und Religionen einschließen. Diese Personen tauschen sich also jenseits der Zeiten und Zugehörigkeiten aus: Die Gesellschaft der Philosophen weitet sich immer mehr aus.

Was bedeutet es für diese Dialoge, sich „im Islam" zu verorten, das heißt von Gegenständen, Texten und Erzählungen zu sprechen, die Teil der muslimischen Tradition sind? Anders gesagt, handelt es sich noch um Philosophie, wenn man damit beginnt, den Gott des Monotheismus zu setzen, d. h. mit einer Offenbarung, die von ihm stammt und die man akzeptiert, und mit einer Menge an Glaubensinhalten, die sich aus dieser Akzeptanz ergeben? So wie der Heilige Augustinus oder Thomas von Aquin Philosophen und Christen sind, sind Avicenna, Averroes und andere, um die es auf den folgenden Seiten gehen wird, Philosophen und Muslime. Dass das nicht ohne Probleme vor sich geht, ist gewiss, doch im Islam philosophieren heißt, wie man sehen wird, gerade über die Texte und Erzählungen, die durch die Tradition gegeben sind, der Vernunft gemäß sprechen zu wollen, das heißt über sie zu sprechen, ohne sie jemals den Anforderungen der Verständlichkeit und der Mitteilbarkeit zu entziehen, die den philosophischen Dialog leiten. Dieser Wille beruht selbst wiederum auf der Überzeugung, dass es eine menschliche Weisheit gibt, die in höchstem Maße abseits jeglicher Offenbarung durch den Gott Abrahams, Isaaks und Jakobs bei göttlichen Personen – göttlich in dem Sinne, in dem man beispielsweise vom „göttlichen" Platon spricht – gestrahlt hat, und dass diese Weisheit helfen muss, die Wahrheit der religiösen Bedeutungen philosophisch zu konstruieren.

Es kommt vor, dass die Missverständnisse im Hinblick auf die Bedeutung des Ausdrucks „Philosophieren im Islam" bei denjenigen zur Ablehnung führen, die meinen, dass dieses Philosophieren zahlreichen „Ungläubigen" (*infidèles*) einen zu großen Platz einräumt. Glücklicherweise kommt es öfter vor, dass man darin die Einladung sieht, sich zu fragen, was Treue (*fidelité*) ist, wem und in welchem Sinn man jemandem oder einer Sache die Treue halten kann; Treue ist nicht Versteifung gegen die Zeit und gegen den Unterschied, weit gefehlt, sie ist im Gegenteil Bewegung und Pluralismus. Auf den folgenden Seiten wird dieser Einladung forschend nachgegangen.

1. Ist es möglich, nicht zu philosophieren?

Im Jahr 632 unseres Zeitalters stirbt Mohammed in Medina. Er wurde zweiundsechzig Jahre alt. Mit vierzig Jahren, im Jahr 610, wurde er zum Propheten, als er mit seiner Mission, den Glauben an einen einzigen Gott zu verbreiten, erklärte, dass er der Träger einer Botschaft sei, Träger des ihm offenbarten Korans, des Wortes Gottes selbst. Aus diesem Wort ist trotz der Verfolgungen, der Verbannung, des erzwungenen Exils und der Versuche, ihn militärisch zu vernichten, eine Religion entstanden, der Islam, der darauf abzielte, die alten Stammesverbindungen aufzulösen und stattdessen eine Gemeinschaft zu errichten, die auf radikal anderen Regeln des individuellen und kollektiven Lebens gründet als das bisher Dagewesene. Der Koran wurde als Inspiration verstanden, aus der diese Gemeinschaft entstand und sich entwickelte. Doch das von Mohammed offenbarte Wort, in dem Gott sagt, wer er ist und welche Bedeutung seine Schöpfung hat, welchen Ursprung und Zweck der Mensch hat, bildet keine Abhandlung über das Regieren oder ein Rechtssystem. Man braucht übrigens nur einen Blick auf die Gestalt des Korantextes zu werfen – der 6236 Verse enthält (oder 6219, je nach Aufteilung), die unterschiedliche Themen behandeln, die wiederum nach ihrem Umfang in 114 Kapitel unterteilt sind, die nach dem Tod des Propheten von seinen engsten Vertrauten zusammengestellt wurden –, um sich davon zu überzeugen, dass man in diesen Versen, bei denen man von einer Erzählung zu einer Ermahnung, von einer Gesetzgebung zu mystischen Vergleichen übergeht, weder eine Abhandlung noch ein System finden kann. Dazu kommt, dass der Korantext, der sehr oft über sich selbst spricht, darauf hindeutet, dass manche seiner Stellen nichts Explizites haben für diejenigen, die sich an ihre bloß buchstäbliche Bedeutung halten wollen, sondern da sind, um diejenigen zum Denken zu bringen, die nachdenken können.

Mohammed brachte prophetische Klarheit in die Fragen, die entstehen konnten, solange er im Kreise seiner Gefährten lebte, die er selbst ausbildete, an der Spitze jener ersten muslimischen Gemeinschaft, deren Anführer er dreiundzwanzig Jahre lang war, in denen die Offenbarung sich in Versen enthüllte, die oft den Umständen geschuldet waren, um ihre Bedeutung zu erhellen, aber auch über sie hinaus gingen. „Wie soll man diese Koranstelle verstehen?“, fragte ein Gefährte. Mohammed machte es deutlich. Was soll man in dieser Situation tun? Er antwortete. Aber er hatte verboten, ihm Probleme reiner Spekulation vorzulegen, sich Situationen in einer Kasuistik auszudenken und zu fabrizieren, die sich selbst zum Gegenstand nimmt und somit von der Bewegung des Lebens löst, das allein die wirklichen Fragen aufwirft. Der Sinn dieses Verbotes ist klar: Man muss die Zukunft offen lassen und darf nicht versuchen, sich Möglichkeiten nur deshalb auszumalen, um sie zu erschöpfen und somit zu verschließen.

Der Tod des Propheten bedeutete gerade die beängstigende Erfahrung dieser Offenheit. Es blieben zwar seine Deklarationen, die manche gesammelt hatten, und die Taten, die er unter vielen Umständen gesetzt hatte; all das bildete seine Tradition, seinen Brauch: seine *Sunna*, wie der Araber sagt. Wenn man eine Entscheidung, eine Interpretation, eine Meinung bestätigen konnte, indem man auf einen Ausspruch des Propheten (*Hadith*) zurückgriff, war es, als habe dieser selbst gesprochen. Doch es musste auch einen Ausspruch geben, der auf den in Frage stehenden Fall anwendbar war, und dieser Hadith musste auch authentisch sein. (Als später die Wissenschaft der Traditionen, der Hadithe sich ausbildete, waren die Fragen, für die man Antworten finden musste, um zu entscheiden, ob ein Hadith gut etabliert sei oder nicht, von folgender Art: Welche mündliche Überlieferungskette besteht für diesen Hadith? Ist sie glaubwürdig? Bis zu welchem Punkt?) Und wenn es keinen Hadith gab? Und wenn mehrere Aussprüche, die auf den fraglichen Fall angewandt werden können, in unterschiedliche Richtungen führten? Der Botschaft des Propheten treu zu bleiben, indem man seine *Sunna*, seinen Brauch weiterführt und somit jede Erneuerung vermeidet, die eine Abweichung von dem Weg darstellt, den er vorgezeichnet hatte, war natürlich das, was es zu tun galt. Doch wenn das Leben selbst ohne Unterlass in Erneuerung begriffen war, wie galt es, diese Treue zu verstehen? Was verlangte sie unter den ständig sich erneuernden Umständen, die die Bewegung des Lebens mit sich bringt?

Der Prophet war noch nicht begraben, als die fürchterliche Erfahrung der Optionen, die sein Tod offenhielt, sich der Gemeinschaft, die er um den Koran und seine eigene Person zusammengeschweißt hatte, auferlegte. Hatte er, als er in seinen letzten Tagen krank gewesen war und seinen Freund und treuen Gefährten Abu Bakr gebeten hatte, die gemeinschaftlichen Gebete zu leiten, nicht damit anzeigen wollen, dass dieser sein Nachfolger (*Kalif*) an der Spitze der neuen Nation sein solle? Es sei denn, die zahlreichen Bezeugungen der Zuneigung gegenüber seinem Cousin, Adoptivsohn und Schwiegersohn Ali bedeuteten, dass ihm und seiner Nachkommenschaft mit der jüngsten Tochter des Propheten, Fatima, die Rolle des Imams (Führer) der Gläubigen zukomme? Hatte er nicht seine Beziehung zu ihm mit der zwischen Aaron und Moses verglichen? Diejenigen, die erklären, die Partei Alis zu bilden, die *Schia* Ali, anders gesagt, die Schiiten, standen somit in der Frage, wem es zukommt, die islamische Gemeinschaft zu leiten, denjenigen gegenüber, die entschieden, an ihre Spitze Abu Bakr zu stellen (von 632 bis 634), dann Umar (von 634 bis 644), einen anderen Freund und Gefährten des Propheten, dann Uthman (von 644 bis zu seiner Ermordung 656), ebenso ein Getreuer, der zwei Mal sein Schwiegersohn war, dann Ali selbst (von Uthmans Tod bis zu seiner eigenen Ermordung 662). Jene, die später daran festhielten, dass diese vier ersten Kalifen des Islam alle „rechtgeleitet“ (*raschidin*) auf dem Weg der *Sunna* des Propheten waren, nannten sich *Sunniten*. Die Hauptspaltung im Islam, diejenige zwischen den mehrheitlichen Sunniten und den minderheitlichen Schiiten, war also durch eine politische Frage, die auch zu einer theologischen werden sollte, entstanden, durch die Frage nach dem „Befehlshaber der Gläubigen“. Und doch hielt jede Partei die Frage durch die Treue zum Propheten und zur von ihm verkündeten Botschaft für gelöst. Man wollte, dass die Entscheidung der Diskussion, der Kontroverse, der Spekulation entzogen sei, dass sie sozusagen automatisch aus dem Koran und der Tradition folge. Die Treue erwies sich jedoch selbst als Gegenstand der Spekulation. Wie sollte man vor diesem Hintergrund nicht philosophieren?

Wer soll regieren? Was bedeutet es, eine Gemeinschaft als Nachfolger eines Propheten zu leiten, das heißt eines Gesetzgebers, der im Namen Gottes gesprochen hatte? Eine philosophische Reflexion hatte sich also um diese Fragen zu kümmern. Führen wir sie weiter, bis zu uns heute, wo sie unseren Problemen begegnen, und wir ziehen die Konsequenzen daraus, dass die Frage „Wer soll regieren?" vom Gesetzgeber offengelassen worden war. Handelt es sich also nicht um eine ausschließlich menschliche Angelegenheit, die als solche in allen ihren Aspekten zu behandeln ist? Wenn nämlich die ursprüngliche muslimische Gemeinschaft ihre vier ersten Kalifen gemäß vier unterschiedlichen Verfahren gewählt hatte (den ersten durch Konsens einer Versammlung der wichtigsten Gefährten, den zweiten durch das Testament des ersten, den dritten durch die „Wahlmänner", die von seinem Vorgänger bestimmt worden waren, und der letzte war gleichsam gezwungen worden, das Amt des Kalifen in einer Zeit des Aufruhrs und des Bürgerkriegs anzunehmen), dann kann die Lehre daraus gezogen werden, dass es den muslimischen Gesellschaften freisteht, die Form ihrer Staaten und die Verfahren zu entwickeln, denen gemäß sie ihre Vertreter bestimmen. Woher nimmt man nur die Vorstellung, dass man im Islam Religion und Staat nicht trennen könne?! Die Vorstellung, dass die Demokratie nicht als Organisationsform muslimischer Gesellschaften vorstellbar sei?!

Aber auch andere Fragen stellten sich, die mit dem Verständnis des Korantextes selbst verbunden sind, wie etwa die Frage der Prädestination bzw. des freien Willens. Handelt der Mensch gemäß seinem freien Willen oder ist er im Gegenteil von Gott determiniert und also prädestiniert, eher die eine Richtung einzuschlagen als die andere? Ich habe nicht von selbst gehandelt, erklärt al-Chidr[3] Moses, als er, bevor er ihn verlässt, ihm die Bedeutung der Handlungen erklärt, die Moses völlig unverständlich, unmoralisch oder völlig unsinnig erschienen waren: Nur wer, indem er den Standpunkt Gottes einnimmt, die weit in der Zukunft liegenden Konsequenzen der unternommenen Handlungen sehen kann, erfasst, wie alles in der unendlichen göttlichen Weisheit vorher angeordnet wurde. Andererseits scheint gerade die koranische Erzählung des Erscheinens des Menschen anzuerkennen, dass er über einen Schatz verfügt, den nur er an den Tag bringen kann: die Freiheit. Die Möglichkeit, die die Engel erschreckt, die fürchten, dass durch die Ankunft des Menschen Unordnung und Gewalt in die Schöpfung gelangen, ist gerade das Zeichen dafür, dass mit Adam und Eva die Macht in die Welt gelangt, Nein zu sagen, etwas anders zu machen, die Negativität in die Fülle des Seins zu bringen. Deshalb war die Freiheit des Menschengeschöpfs, die ihm vorausgeht und ihn ankündigt, für Satan/Iblis die Gelegenheit, seine Fähigkeit zur Revolte zu entdecken und durch seinen Fall, das heißt dadurch, dass er „der Gesteinigte" wurde, den Preis für seine Weigerung zu zahlen, dem Gebot zu gehorchen – das er als eine Erniedrigung ansah –, einem anderen als Gott zu huldigen.[4] In Iblis' Kenntnis der Namen, mit denen Gott genannt werden möchte, wenn es darum geht, die Reue des einzigen Wesens zu akzeptieren, das zu ihm zurückkommen kann, weil es das einzige ist, das sich aus freiem Willen von ihm entfernen oder abwenden kann, findet die Freiheit des Menschen, Nein zu sagen, ihre Entsprechung. Freier Wille oder Prädestination – das lässt sich nicht mit Zitaten entscheiden. Viele Koranverse lassen sich finden, die in die eine, ebenso viele, die die andere Richtung weisen. Man muss also wieder philosophieren.

Wenn das Menschenwesen in seinen Handlungen über einen freien Willen verfügt und also autonom ist, bedeutet das nicht eine Beschränkung der *Macht* Gottes? Wenn er aber nicht in sich selbst die Fähigkeit hat, seinem freien Willen gemäß zu handeln, beraubt man damit nicht die *Gerechtigkeit* Gottes jeden Sinns? Denn welchen Sinn hätte es, in dieser und/oder in der anderen Welt den oder die zu belohnen oder zu bestrafen, der/die nur eine unverantwortliche Marionette wäre? Diejenigen, die die Ereignisse und Handlungen, die in der Welt geschehen, für vorherbestimmt hielten, die darin den Zwang (*dschabr*) am Werk sahen, bildeten die sogenannte dschabritische, das heißt deterministische Denkströmung. Nach den Aufständen, Bürgerkriegen und Schismen und mit der Etablierung der Umayyadendynastie (Erbdynastie von 662 bis 750) nach dem Tod des vierten Kalifen Ali mochte es moralisch bequem sein, zu entscheiden, dass die Brüderkämpfe zwischen den Jüngern des Propheten deshalb stattgefunden hätten, weil das Schicksal den Lauf der Dinge entschieden und sie gegeneinander aufgebracht hatte. Der Fatalismus, den der Glaube an die Prädestination entwickelt, kam einer Macht zugute, die sich mehr durch ihre Fähigkeit, Ordnung und Frieden zu errichten, durchgesetzt hatte, als sie legitimiert gewesen wäre durch ein willkürliches dynastisches Prinzip. Die Umayyaden unterstützten unfehlbar solche Interpretationen, die in die Richtung dieses konservativen Glaubens gehen, dass alles bereits geschrieben steht: Das Politische war in der philosophischen Spekulation wie immer auch mit im Spiel. Die Thesen, die sich den *dschabritischen* entgegenstellen und behaupten, dass das Vermögen des

Menschen zu handeln (*qadar*) notwendig für die Gerechtigkeit selbst sei, wurden *qadaritisch* genannt. Es ist nicht erstaunlich, dass unter der Abbasidendynastie (750–1258), die der Umayyadendynastie in einer Revolte ein Ende bereitete, die qadaritische These, die den freien Willen behauptet, in der Gunst der politischen Macht stand: Manche Vertreter der Abbasidendynastie machten den freien Willen, wie wir sehen werden, zu einem Element der offiziellen Lehre.

Mit der Frage Prädestination oder freier Wille stellte sich den denkenden Geistern auch die Frage nach der Beziehung des göttlichen Wesens zu den Prädikaten, die ihm im Koran zugeschrieben werden. Wenn es sich klarerweise um Anthropomorphismen handelt, wenn im Hinblick auf Gott von seinem „Gesicht" und seiner „Hand" die Rede ist oder wenn es heißt, er „setze sich auf den Thron", dann lag hier ein Problem vor. Man wird zum Beispiel die „Hand" als Bezeichnung für „Macht", das „Gesicht" als das „Wesen selbst" deuten und annehmen, dass „sich auf den Thron setzen" ein Ausdruck für die Erhabenheit des Herrn der Welten ist. Doch in der Frage liegt mehr als nur die Möglichkeit dieser „Übersetzungen": Es geht um den Sinn der Einheit Gottes selbst. Der Anthropomorphismus von Ausdrücken wie „das Gesicht" oder „die Hand" Gottes und anderer Attribute, die scheinbar einfacher zu verstehen sind – wie „allwissend", „der alles hört", „der alles sieht", „der Lebendige", „der Entlohnende", „der Verzeihende", „der Erste", „der Letzte", „der Offenbare", „der Versteckte" und so weiter –, führt von diesem Gesichtspunkt aus Vielfalt in die Einheit ein. Bedeutet, diese Einheit zu verstehen, nicht auch, zu verstehen, dass kein Attribut geeignet ist, das unteilbare und transzendente Wesen Gottes zu beschreiben? Gibt es einen anderen Weg, um von Gott zu sprechen, als den negativen, der darin besteht, zu sagen, was er nicht ist? Doch wie legt man in diesem Fall Rechenschaft von all diesen Attributen ab, wenn der offenbarte Text, der Koran selbst sie zu „den schönen Namen“ Gottes macht? Eine mögliche Antwort besteht darin, zu behaupten, dass dies eben *Weisen, über Gott zu reden*, sind, die ganz und gar nicht an *Gottes Weise, eins zu sein*, heranreichen. Der Text hat also die Sprache der Menschen gesprochen, über die hinausgehend die göttliche Einheit zu denken bleibt: Die Thora spricht die Sprache der Kinder Adams, wird später den Talmud wiederholend der jüdische Philosoph Maimonides, dessen Denken auch von dieser islamisch-spekulativen Tradition genährt ist, sagen. In anderen Worten: Gott hat einen Text für die Menschen geschaffen, in der Sprache, die ihrer Vernunft zugänglich ist, welche also dazu eingeladen ist, ihn zu deuten und all ihre Fähigkeiten der freien Untersuchung dieses Textes zu widmen. Er hat ihn *geschaffen*, das heißt, dass dieser Text, wie die anderen Attribute, nicht mit ihm in der Weise verbunden ist, dass der Text die Ewigkeit Gottes teilte.

Der Koran erklärt in einem der zahlreichen Verse, in denen der Text sich auf sich selbst bezieht (41:2–3): „Dies ist eine Offenbarung von dem Allerbarmer, dem Barmherzigen. Ein Buch, dessen Verse ausführlich dargelegt sind, als ein arabischer Qur'an, für Leute, die Wissen besitzen“[5]. Ein „arabischer Koran“? Man kann diesen Ausdruck auf zweierlei Arten verstehen. Entweder schwelgt man darin, die arabische Sprache zu preisen, die Sprache der Offenbarung, geheiligt unter allen anderen, weil sie gewählt wurde, das Wort Gottes auszusprechen. Die andere Möglichkeit, die wahrscheinlich mehr dem entspricht, was im Koran selbst gesagt wird, besteht darin, den Ausdruck so zu verstehen: Gott hat sie gewählt, um sein Wort in einer menschengerechten – einfach in einer menschlichen – Sprache auszudrücken, die sich in ihrer Menschlichkeit durch nichts vor anderen Sprachen auszeichnet, wenn es darum geht, Gottes Koran erklingen zu lassen. Im Übrigen erinnert Gott, um sich verständlich zu machen, daran, dass er alle Sprachen der Kinder Adams ausgezeichnet hat, indem er ihnen, wo immer sie sich auch aufhalten, einen Boten schickte, der wie sie spricht: „Wir schickten keinen Gesandten, es sei denn mit der Sprache seines Volkes, auf dass er sie aufkläre." (14:4). Wenngleich es eine Sprache des Korans gibt, so gibt es dessen ungeachtet keine bestimmte Sprache des Islam, oder aber alle menschlichen Sprachen sind Sprache des Islam. Man hört oft, dass der Koran eine besondere innere Beziehung zum Arabischen, in dem er verkündet wurde, unterhält, die ihn unübersetzbar macht. Entweder ist das eine bloße Binsenwahrheit – nichts ist wirklich von einer Sprache in eine andere übersetzbar –, oder aber Obskurantismus: Denn weshalb sollte sich die Offenbarung an die Menschen richten, ohne auch mit ihnen zu sprechen?

Prädeterminismus, Sinn der menschlichen Verantwortung, Beziehung der Attribute zum göttlichen Wesen, erschaffener oder unerschaffener Koran: Das sind die Fragen, aus deren unterschiedlichen Antworten ebenso viele philosophische Denkschulen entstanden sind, die sich der Notwendigkeit verdanken, das Wort (*Kalam*) Gottes zu verstehen. Die „Wissenschaft von diesem Wort", auf Arabisch *ilm al-kalam* oder ganz einfach *Kalam*, entsteht als Disziplin, die sich mit diesen Fragen beschäftigt. Es handelt sich um eine besondere Wissenschaft, die sicherlich nicht einfach in die Landschaft der sogenannten „Wissenschaften der Religion“ gestellt werden kann, jener Wissenschaften, die sich ganz nahe an der koranischen Botschaft halten. Unter ihnen ist natürlich die Wissenschaft des buchstäblichsten Kommentars des Korans (der *tafsir*); sie stützt sich auf die Sprachwissenschaften, die notwendig sind für das volle Verständnis des Textes, so wie er offenbart worden ist: arabische Grammatik und Rhetorik. Da im Übrigen die muslimische Gemeinschaft aus der koranischen Offenbarung entstanden ist, das heißt in Absetzung von den Stammesgesetzen, welche bis dahin die Machtverhältnisse und die Beziehungen zwischen Männern und Frauen geregelt, Verbrechen und Strafe und so weiter definiert hatten, entwickelte sich die muslimische Rechtsprechung (*fiqh* genannt), um die Entwicklungen dieser Gemeinschaft zu begleiten. Neben dem Koran stützt sie sich auf die dem Propheten zugeschriebenen Aussagen oder auf die Handlungen, die er in diesen oder jenen Umständen vollzogen hat: eine Wissenschaft des Hadith, das heißt der mündlichen Überlieferungen, die die Aussagen und Handlungen des Propheten sowie ihre Umstände betreffen, wird somit zum wesentlichen Fundament der „Wissenschaften der Religion“.

Das *Kalam* kann nicht am Rande dieser „Wissenschaften der Religion“ verortet werden. Einerseits ist sein proklamierter Gegenstand die Verteidigung der Glaubensdogmen, da es, gemäß der Definition, die der berühmte Ibn Chaldun (gestorben 1404) von ihr gab, „die Wissenschaft ist, die darin besteht, mit Hilfe von Vernunftargumenten die Glaubensartikel zu verteidigen und die Erneuerer zu widerlegen, die sich vom Glauben der ersten Muslime und von der religiösen Rechtgläubigkeit abwenden“. Doch andererseits, eben weil sein Zugang zu den Religionsangelegenheiten darin besteht, die Vernunft damit zu beauftragen, die Offenbarung nach ihrem Maß zu bemessen, ist das *Kalam* ein potenzieller Produzent jener „Erneuerungen“, die darin bestehen, vernünftig zu urteilen, anstatt sich anzustrengen, seine Sichtweise an jene Sichtweise anzupassen, die man den „ersten Muslime“ unterstellt.

Mithilfe der Vernunft die Glaubensartikel zu verteidigen, heißt auch, sie gemäß dieser Vernunft zu *rekonstruieren* und also – in den Augen derer, die meinen, dass Treue nur durch identische Wiederholung zu beweisen sei – dem Rationalismus zu verfallen. Die Angst, zusehen zu müssen, wie die Vernunft sich als Selbstzweck setzt und somit zur Eristik verkommt, in der es vor allem darum geht, die Argumente des Gegners *zu bezwingen*[6], wird sehr gut in einer Anekdote ausgedrückt, die man über den Gründer einer der wichtigsten Rechtschulen im Islam, Abu Hanifa (gestorben 767), berichtet. Als er seinem Sohn verbietet, sich auf die Debatten des *Kalam* einzulassen, drückt dieser seine Verwunderung darüber aus, dass sein Vater ihn daran hindern will, ihm auf dem Weg zu folgen, auf dem Abu Hanifa selbst ein Meister ist. Dieser antwortet ihm darauf Folgendes: „Wenn wir diskutierten, haben wir geschwiegen, aus Angst, dass ein Gesprächspartner dem Irrtum verfällt. Wenn jedoch ihr Diskussionen beginnt, wünscht ein jeder von euch, seinen Gefährten ausrutschen und in den Unglauben fallen zu sehen. Wer dies wünscht, tappt selbst in diese Falle.“

Angst vor der Vernunft und davor, dass ihr Gebrauch dazu führt, auszurutschen und in den Unglauben zu fallen? Wer nichts so sehr fürchtet als die ihrem eigenen Vermögen überantwortete Vernunft, als das freie forschende Denken, klagt schnell die Spekulation an, die

„sich vom dogmatischen Denken abgesondert“[7] zu haben scheint. „Absonderung“, auf Arabisch *i'tazala*, wird jenen Theologen ihren Namen geben, die man *Mutazila*[8] nennt, was wörtlich übersetzt heißt: „die, die sich abgesondert haben“. Man sagt übrigens, dass Hassan al-Basri (gestorben 728), der am Ursprung sowohl des theologischen Nachdenkens des Islam als auch einer bestimmten Systematisierung des islamischen Mystizismus, des Sufismus, steht, in Bezug auf seine vernünftelnden und abtrünnigen Schüler erklärte: „Ihr habt euch von uns getrennt.“ Die Mutaziliten selbst bezeichneten sich durch den Hinweis auf ihre philosophischen Positionen als „die Anhänger der Einheit und der Gerechtigkeit“, das heißt der göttlichen Einheit, die nicht von der Vielheit der Attribute beeinträchtigt ist, und der Gerechtigkeit Gottes, die nur auf Individuen anwendbar ist, die frei sind zu handeln.

Angst vor der Vernunft. Doch was soll man von einer Situation sagen, in der der Rationalismus verlangen würde, dass alle sich dem beugen, was er verlangt, und bereit wäre, wenn nötig eine Schreckensherrschaft zu errichten? Wäre es ein absoluter Widerspruch, die Vernunft entschlossen zu sehen, die Geister und Herzen durch Gewalt für sich zu gewinnen? Denn das ist genau das, was passiert, wenn die politische Macht, insbesondere in der zwanzigjährigen Herrschaft des Kalifen Al-Ma'mun (von 813 bis 833), beschließt, die rationale, ja rationalistische mutazilitische Theologie als offizielle Lehre durchzusetzen. Das charakteristischste Kennzeichen der rationalistischen Inquisition – ein Oxymoron, das in der Geistesgeschichte der muslimischen Welt unter dem Namen *mihna* bekannt ist – unter Al-Ma'mun war die Einkerkerung des Rechtsgelehrten Ahmad ibn Hanbal, der beschuldigt wurde, sich hartnäckig der rationalen „Wahrheit“ des geschaffenen Korans zu verweigern, die der Kalif 817, vier Jahre nachdem er an die Macht gelangt war, zum offiziellen Glaubensartikel erklärt hatte. Der Rechtsgelehrte, der stoisch die Folter ertragen hatte und unter dem Nachfolger Al-Ma'muns freigelassen und rehabilitiert wurde, wurde auf diese Weise zum Symbol für die Fähigkeit des menschlichen Geistes, dem unterdrückenden Dogmatismus zu widerstehen, der in diesem Fall der Dogmatismus der Vernunft war!

Nach dieser Episode wurde die rationale mutazilitische Theologie mit Unterdrückung und der Gefahr der Irreligiosität in Verbindung gebracht: Wer zu viel vernünftelt, erklärt ein Sprichwort, der wird ungläubig. Die Ablehnung der Mutazila und ihrer Exzesse wird heute noch ins Spiel gebracht, wenn es darum geht, kritisches Denken aus den Studienprogrammen zu verbannen. Der Literalismus, der in manchen muslimischen Ländern in Ehren steht, in denen die Machthaber eine vorgebliche Treue zu den „Alten“ schätzen, die engstirnig als die identische Wiederholung dessen aufgefasst wird, was man für ihre Denk- und Handlungsweise hält, verbietet folglich nicht nur die Lehre der Philosophie, sondern auch die des *Kalam*, so zum Beispiel in Saudi-Arabien. Die Literalisten sagen, dass man das hinnehmen müsse, was von der *Hand*, dem *Gesicht* oder dem *Thron* Gottes gesagt wird, „ohne zu fragen ‚wie?‘“, wie es Ahmad ibn Hanbal vorschrieb, der zum Helden des Widerstands gegen die mutazilitische Macht wurde. Die Geschichte zeigt jedoch, dass die Ablehnung der Mutazila nicht notwendig zur Ablehnung der rationalen theologischen Spekulation geführt hat, denn diese ist unvermeidlich: Da die Verkündigung sich an Menschen richtet, die denken, gibt es keinen Nullpunkt der Interpretation. Der Literalismus ist einfach nur *eine* Lesart, die vorgibt, keine zu sein.

Aus der mutazilitischen Schule selbst entstand zu Beginn des 10. Jahrhunderts die *ascharitische* Reaktion auf sie, so genannt nach dem Namen des Gründers dieses *Kalams*, der sich von den rationalistischen Exzessen abwandte: Abu l-Hassan al-Asch'ari (von 873 bis 935). Bis zum Alter von vierzig Jahren war er Mutazilit, brach dann aber mit lautem Getöse mit seinem Meister und der Lehre, der er bis dahin angehangen hatte, indem er von der Kanzel der Moschee von Bagdad erklärte: „Wer mich kennt, weiß, wer ich bin. Wer mich nicht kennt, wisse, dass ich Abu l-Hassan al-Asch'ari bin, dass ich vertreten habe, dass der Koran geschaffen wurde, dass die Augen des Menschen Gott nicht sehen können und dass die Geschöpfe selbst ihre Handlungen setzen. Ach! Ich bereue es, ein Mutazilit gewesen zu sein. Ich schwöre diesen Meinungen ab und verpflichte mich, die Mutaziliten zu widerlegen, ihre Kindereien und ihre Schandtaten offenzulegen."[9]

Die Tradition hat in dieser Weise dem Bruch, aus dem die ascharitische Theologie entstanden ist, eine dramatische Erscheinung verleihen wollen. Man bemerke diesbezüglich die symbolische Bedeutung des vierzigsten Jahrs, das als das prophetische Alter angesehen wird. Überdies berichtet man, dass Al-Asch'ari die Entscheidung, seinem Meinungswandel öffentliches Aufsehen zu verleihen, nach einem Traum, in dem der Prophet persönlich ihm erschienen sei, gefällt habe. Wie dem auch sei, es steht fest, dass er die Auffassung der Mutazila im Hinblick auf das theologische Problem der Versöhnung der Gerechtigkeit Gottes (das heißt die Belohnung oder Bestrafung der Handlungen gemäß ihrer Natur) mit der Barmherzigkeit

Gottes (das heißt mit seiner Fähigkeit, schlechte Taten zu tilgen oder den Wert der guten zu steigern) für unbefriedigend hielt. Dieser intellektuelle und religiöse Streit wurde seinerseits in den Erzählungen, die davon überliefert sind, hochgespielt. Al-Asch'ari habe eines Tages seinem früheren Meister al-Dschubba'i (gestorben 915) folgende knifflige Frage vorgelegt: Drei Brüder haben dieselbe Erziehung erhalten; der erste wird bei seinem Tod für seine guten Taten belohnt und kommt ins Paradies; der zweite, der ein Sünder war, wird bestraft und gelangt in die Hölle; der dritte, der im Kindesalter starb, ohne Gut und Böse zu kennen, gelangt in den Limbus. Auf diese Weise, so scheint es, wird die algebraische göttliche Gerechtigkeit, wie die Mutazila sie denkt, gewahrt. Doch nehmen wir an, führt Al-Asch'ari aus, dass der dritte Bruder Gott fragt: „Warum hast du mir nicht zu leben erlaubt, um wie mein Bruder Gutes zu tun?“ Worauf der zweite Bruder, der Verdammte, noch nachlegt: „Warum hast du mich nicht als Kind sterben lassen, um mir das Leben zu ersparen, das mich in die Hölle geführt hat?“ Die Geschichte besagt, dass der verblüffte Al-Dschubba'i nicht wusste, was er seinem Schüler antworten sollte, der sich daraufhin von ihm trennte.

Die Aschariya ist ein geistlicher und dann geistiger Aufstand gegen die Vorstellung eines Gottes, der ganz Vernunft ist und schließlich in seiner transzendenten Durchsichtigkeit abstrakt und unverständlich geworden ist. Sie ist das Verlangen nach einem persönlichen Gott, dessen Attribute es erlauben, ihn anzurufen, denn er hat sich für uns in seinem Buch die schönsten Namen gegeben; sie ist der Ruf nach einem Gott, an den es Sinn hat, ein Gebet für die kleinen und großen Dinge zu richten, um das Unvermeidliche zu vermeiden, und der für eine

Träne bereit ist, die Sünden eines Lotterlebens zu vergeben. Ohne „wie?". Die Vernunft wird nicht aufgegeben, im Gegenteil: Das ascharitische *Kalam* verlangt, dass sie den Weg anzeigt, dass an ihrem Ende und als ihre äußerste Spitze sich authentisch und rein das Gebet erhebt, das aus der Verwirrung entsteht und die Begegnung mit Gott bewirkt.

Die Aschariya ist, vereinfacht gesagt, eine Reaktion auf die Exzesse des Rationalismus, und die Mutazila und die Aschariya stellen, noch vereinfachter gesagt, über ihre theologischen Unterschiede hinaus zwei *Haltungen*, zwei *Geisteshaltungen* dar, die in immer erneuerten Formen um das Feld des islamischen Denkens kämpfen. Die Mutazila umfasst natürlich äußerst unterschiedliche Theologen, aber man kann in ihr einen Geist, einen philosophischen Geist, sehen, der den Wagemut der Vernunft teilt, im Gegensatz zum Geist der Aschariya, der bemüht ist, die Gemeinschaft zusammenzuhalten, indem er sie nicht den spekulativen Exzessen aussetzt, aus denen eine Trennung der Eliten vom Volk sowie Divergenzen innerhalb dieser Eliten hervorgehen könnten. Die Philosophie ist im Islam mit dem mutazilitischen Geist verbunden, während die Aschariya die berühmteste Verdammung der Philosophie, nämlich durch Ghazali im 11. Jahrhundert, inspiriert hat.

Die Mutazila ist nicht nur eine geschichtlich verortete Schule, sondern markiert vor allem die Möglichkeit und die Notwendigkeit der Philosophie im Islam. Wenn heute die Notwendigkeit sich aufdrängt, *das religiöse Denken des Islams wiederzubeleben*, um ein Werk des indischen Philosophen Muhammad Iqbal (1877–1938) zu zitieren, dann tritt der mutazilitische Geist wieder zutage; er findet sich ausgesprochen in bestimmten Thesen der Reformatoren des Islam wie des Ägypters Mohammed Abdou (gestorben 1905), des Inders Ameer Ali (gestorben 1928) oder derjenigen, die heute die Aufgabe weiterführen, die Modernität, die der Islam in sich trägt, ans Licht zu bringen, indem sie die Möglichkeiten einer inneren Reform der Religion freilegen.

2. Wie eine Sprache philosophisch wird

Der Kalif Al-Ma'mun hatte einen Traum. Jenseits der Mauer der Jahrhunderte erschien ihm Aristoteles. Für den Araber, der er war, nahm der griechische Philosoph in seiner Vision die Form eines blonden Mannes mit blauen Augen an. Er führte mit ihm folgendes Gespräch: „Ich fragte ihn: Wer bist du? Er antwortete mir: Ich bin Aristoteles. Das erfreute mich und ich sprach zu ihm: Oh Weiser, ich werde dich befragen. Er sagte: Frage! Ich sagte ihm: Was ist das Gute? Er antwortete mir: Das, was gut gemäß der Vernunft ist. Ich sagte ihm: Und danach? Er antwortete: Das, was gut gemäß der Offenbarung ist. Ich sagte ihm: Und danach? Er antwortete: Das, was gut in den Augen aller ist. Ich sagte ihm: Und danach? Er antwortete: Danach gibt es kein danach (...). Ich sagte ihm: Sag mir noch etwas. Er sagte: Derjenige, der dich in Bezug auf Gold gut berät, sei wie Gold für dich. Und du musst einen einzigen Gott anerkennen."[10]

Al-Ma'mun hing in der Theologie mutazilitischen Ansichten an. Es war natürlich, dass Aristoteles, so wie er ihn sich vorstellte, damit begann, ihm zu sagen, dass die Wahrheit der Vernunft erscheinen müsse, bevor sie von der Offenbarung etabliert wird. Denn wenn Gott will, dass sein Wort den Kindern Adams übermittelt wird, muss er in ihnen zuerst die Fähigkeit gegeben haben, es zu verstehen, und die Vernunft ist eben diese Fähigkeit.

Dass die Meinung danach kommt, war für den griechischen Philosophen und für seinen Gesprächspartner offensichtlich. Doch woher hatte der Kalif das Bild eines monotheistischen Aristoteles, der ihn in seinen rationalistischen Positionen bestärkte? Jean Jolivet sagt ganz richtig, dass dieser Traum für ihn eine Art und Weise war, eine damals bestehende Spannung darzustellen und gleichzeitig aufzulösen. Es war dies die Spannung zwischen dem Begehren der muslimischen Geisteswelt, sich dem griechischen Denken zu öffnen, und ihrem Zögern, sich einer anderen „Weisheit" anzunähern als der notwendigerweise vollendeten und hinreichenden Weisheit der koranischen Offenbarung.[11]

Wenn also Aristoteles selbst rät, sich dem „einzigen Gott" zuzuwenden, ist die Sache klar, und da er von Gold im eigentlichen und im übertragenen Sinne spricht, kann man ihn und mit ihm die Philosophie für ebenso wertvoll erachten wie dieses Metall. So verstand der Kalif die göttliche Botschaft, die von dieser Traumvision übermittelt wurde: Er fasste die Entscheidung, eine Institution zu gründen, die gänzlich den philosophischen Wissenschaften geweiht ist und in der die besten Gelehrten sich der Übersetzung von Werken des griechischen Denkens ins Arabische widmen sollten. Im Jahr 832 wurde das „Haus der Weisheit" (*Bayt al-Hikma*) gegründet, wo aus der Begegnung zwischen griechischem Denken und islamischer Welt eine philosophische Tradition entstand, die als *falsafa* bekannt ist, nach dem arabisierten griechischen Namen *philosophia*. Diese Bewegung der Übersetzung philosophischer Werke ins Arabische hatte allerdings nicht auf den feierlichen Akt der Gründung des Hauses der Weisheit gewartet. Seit dem Ende des 8. Jahrhunderts wurden Werke der griechischen Wissenschaft übersetzt, darunter Ptolemäus' *Almagest* sowie Aristoteles' Logik:

Die Welt des Denkens wartet zum Glück nicht darauf, dass die Entscheidung für die Öffnungsbewegung, die in ihrem Wesen liegt, von der politischen Macht kommt.

Es ist jedoch unzweifelhaft, dass Al-Ma'muns Initiative der Aneignung der griechischen Philosophie durch die muslimische Welt einen entscheidenden Impuls verliehen hat und die Idee einer ewigen Weisheit (*philosophia perennis*) bestärkte, die der Menschheit unabhängig von der Offenbarung nirgends abgeht, weil sie denkt, liebt, sich sterblich weiß und den Himmel betrachtet. Dank göttlicher Männer wie des „göttlichen Platon" existiert diese Weisheit, und es ist jedermanns Pflicht, sie sich anzueignen. Hatte nicht selbst der Prophet erklärt, dass „das weise Wort das verlorene Eigentum des Gläubigen ist, der, wo immer er ihm begegnet, mehr Anrecht auf es hat als jeder andere"? Das Haus der Weisheit war im Grunde ein Denkmal, das dieser Vorstellung von einer ewigen menschlichen Weisheit errichtet wurde, die allein die Offenbarungen erhellen und ein besseres Verständnis bewirken könne. Übersetzer, Kopisten, Buchbinder, die alle vom Kalifen bezahlt wurden, setzten diese Vorstellung in die Wirklichkeit um. Die Institution war auch eine Hymne an konfessionellen Pluralismus: Die ersten Übersetzer, die das Haus leiteten, waren ganz natürlicherweise Christen, denn die christlichen, nestorianischen und jakobitischen, Denkschulen hatten in den Klöstern Syriens und des Iraks das Wesentliche des aristotelischen Erbes aufbewahrt. Die „Philosophie im Land des Islam" war tatsächlich zwar immer eine „muslimische Geschichte, das ist selbstverständlich, aber auch eine christliche und jüdische Geschichte"[12].

Das Philosophieren im Land des Islam ist eine Geschichte von Begegnungen: zwischen der griechischen Philosophie und islamischen Themen, zwischen der syrischen und der griechischen Sprache und dem Arabischen; zwischen theologisch-philosophischen Traditionen, die sich so verflochten, dass eine Geschichte der mittelalterlichen Philosophie, die, wie es oft der Fall ist, nur dem lateinisch-christlichen Faden folgt, verstümmelt und inkomplett wäre. Alain de Libera, der die mittelalterliche Philosophie in der Fülle der Begegnungen und verflochtenen Traditionen, aus der sie hervorgeht, rekonstruiert hat, schreibt: „Die Philosophie auf islamischer Erde ist keine Philosophie von Muslimen, sondern die Geschichte von Philosophien, die Muslime nach der Eroberung hervorgebracht haben oder haben hervorbringen lassen – eine heidnische, christliche, muslimische, jüdische Geschichte; muslimische Philosophie, die von Geistlichen betrieben wurde, ‚laizistische' Philosophie, die von Philosophen betrieben wurde; morgenländische und abendländische, mittelländische oder kontinentale, arabische oder nicht-arabische, persische und türkische Philosophien."[13]

Die ersten Übersetzungen der nestorianischen Gelehrten stammten aus der syrischen Sprache, in der die griechische Philosophie in den Klöstern studiert wurde. Diese Übersetzungsbewegung stellt dem muslimischen Denken philosophische Probleme wie das der Bedeutung der Schöpfung im Gegensatz zur Vorstellung der Ewigkeit der Welt, die man zum Beispiel bei Proclus findet. Sie musste auch das leisten, was bereits mit dem Lateinischen zur Zeit Ciceros vonstatten gegangen war: das Arabische zu einer philosophischen Sprache machen. Es mussten neue Wörter geschaffen werden. Zum Beispiel bildete man aus *kayfa*, was auf Arabisch „wie" bedeutet, das Substantiv *kayfiyya*, indem man das Suffix *-iyyah* anhängte, um die „Quidditas" wiederzugeben. Im Übrigen wurde dieser philosophische Begriff der „Quidditas" einer Sache, das heißt, was sie ist, ihre „Qualität", ausgehend vom lateinischen *quid* („was") und dem Suffix *-itas* nach demselben Modell gebildet. Man philosophiert auf Lateinisch oder Arabisch … nichts im Wesen der Philosophie erfordert, dass man Griechisch spricht, genauso wenig wie etwas erfordern würde, dass die Philosophie in dieser Sprache entstanden ist. Cicero hatte gegen die Skepsis derer, die dachten, dass die Philosophie sich nur auf Griechisch gezieme, geschrieben: „Warum dulden sie für die ernsthaftesten Themen nicht ihre Landessprache?" Die arabischen Übersetzer dessen, was Cicero „jene alte von Socrates gestiftete Philosophie"[14] nannte, mussten gegen diejenigen ankämpfen, die es nicht ertragen konnten, dass „die Sprache ihres Landes" von der Bastardierung betroffen wurde, die die Übersetzung unvermeidlich erzeugt. Man muss schon sagen, dass die Übersetzung der „alten Philosophie" ins Arabische, einer semitischen Sprache, größere Probleme bereitete als ins Lateinische, die eine indoeuropäische Sprache wie das Griechische ist. Daraus ergaben sich Neologismen, aber auch die „Gewalttätigkeiten", die die Übersetzer den üblichen Ausdrucksweisen antun mussten.

Dieses *Philosophisch-Werden* der arabischen Sprache entfachte im Übrigen auch den Streit der Philosophie: Für ihre Einführung in die gelehrten Wissenschaften der islamischen Welt oder dagegen zu sein, bedeutete auch, die Bastardierung zu akzeptieren oder abzulehnen, die die Übersetzungen einer Sprache angedeihen ließen, von der man annehmen konnte, dass die koranische Offenbarung, die sie erhalten hatte, sie als „rein" erklärte, und dass diese Sprache demnach rein bleiben musste. Im Jahr 932, ein Jahrhundert nach der Gründung des Hauses der

Weisheit, kam es zum Konflikt zwischen einem Vertreter der hellenisierenden Philosophen, Abu Bishr Matta, und einem Vertreter der „Grammatiker" des Arabischen, die sozusagen die Hüter der Unversehrtheit der Sprache waren: Abu Said al-Sirafi war ihr Vorkämpfer in diesem berüchtigten Streit, der sich am Hof des seldschukischen Veziers Ibn al-Furat abspielte. Die Erzählung davon liefert der Philosoph und Literat Abu Hayyan at-Tawhidi (gestorben 1023), der sie, so sagt man, von Sirafi selbst hatte und der unter anderem für seine Berichte über zahlreiche theologische und philosophische Kontroversen bekannt ist, die sich zu seiner Zeit in den kulturellen Kreisen entwickelten, und der dabei einen bemerkenswert offenen Geist zeigt. Die intellektuelle Elite, die in diesen Kreisen debattierte, zeichnete sich tatsächlich durch eine tolerante Haltung aus, die einen unbeschwerten Dialog zwischen Muslimen und Christen und Juden, Sunniten und Schiiten, Mutaziliten und Aschariten ermöglichte. Diese für Unterschiede offene Atmosphäre wird sehr gut von Abu Hayyan at-Tawhidi beschrieben.[15]

Das Geringste, was man von der Debatte zwischen Sirafi und Matta sagen kann, ist, dass sie kaum von einem solchen Geist der Offenheit und des Zuhörens geprägt war. Im Gegenteil, der Grammatiker Sirafi übernahm mit Aggressivität und Feindseligkeit die Rolle des Hüters der arabischen Sprache gegenüber der anmaßenden Forderung der griechischen Logik und Philosophie, Aufnahme in diese Sprache und Gastfreundschaft von ihr zu erhalten. Diese Feindseligkeit war auch konfessionell: Matta erschien als Philosoph und Christ seinem Gegenspieler als die vollkommene Veranschaulichung dessen, was die fremde „Weisheit" der von Gott für seine Verkündigung erwählten Sprache antun konnte. Sirafi hat nur Gewalt im Sinn: Er stellt Matta linguistische Fangfragen, hebt seine Sprachfehler hervor, lässt ihm keine Zeit, sein Denken zu entwickeln, und zwingt ihn, nur auf die Fragen zu antworten, die er ihm stellt. Man errät hinter den Versuchen des Philosophen, sich frei auszudrücken, die These, dass es universale Wahrheiten gibt, die alle Kultur- und Sprachunterschiede transzendieren; dass die Übersetzung, wenn sie nach den Regeln dieser schwierigen Kunst durchgeführt wird, durchaus in der Lage ist, in einer Sprache Wahrheiten zu erfassen, die vorher in einer anderen Sprache ausgedrückt worden waren; dass dies sogar die Wahrheit definiert: Wenn die Bedeutungen völlig verständlich sind, dann bewahrt sie die Übersetzung notwendigerweise so, wie sie sind.

In dieser Zeit der Übersetzung und der Aneignung fand eine bedeutende Reflexion darüber statt, was es bedeutete, die Redeweisen und das Wissen einer Kultur in eine andere, von einer Sprache in eine andere zu übertragen. Al-Jahiz (gestorben 869), einer der fruchtbarsten und begabtesten Prosaschriftsteller in arabischer Sprache, unter anderem auch mutazilitischer Theologe, der zu Kalif Al-Ma'muns Zeiten nach Bagdad gegangen war, hat erstaunlich „moderne" Seiten über die Anforderungen der Übersetzung und über ihre Möglichkeit überhaupt geschrieben. Dieser Autor, der selbst Afrikaner war, „Äthiopier", wie man damals sagte, war einer der größten Kenner der arabischen Sprache. Ähnlich wie Sirafi hat er die Idee stark gemacht, dass jede Sprache einen eigenen Geist und eigene Redeweisen habe, die nicht von einer Sprache in eine andere übertragbar seien, und dass das Hin und Her zwischen zwei Sprachen immer eine Bastardierung verursache, bei der „eine Sprache der anderen schade"[16]. Daran fügte er praktische Überlegungen über den Zustand und die Qualität der Manuskripte, die damals aus aller Herren Länder versammelt wurden, um übersetzt zu werden.

Doch kehren wir zu Matta zurück und zu dem Kern seiner Argumentation: Das, was verstanden werden kann, sagt er zu Sirafi, ist dasselbe für alle Menschen, in allen Sprachen. Und er stellt selbst die Frage: „Siehst du nicht, dass vier und vier für alle Nationen acht macht und dass es sich so für alles Ähnliche verhält?“[17] Jede rationale Wahrheit (also „vier und vier macht acht“ und ähnliche Wahrheiten), bleibt von Sprache zu Sprache sich selbst gleich und ist ohne Verlust vollständig übersetzbar. Diese Behauptung erfüllt hier einen doppelten Zweck. Erstens bildete sie eine Antwort auf ein Argument *ad hominem* von Sirafi, der sich über Philosophen lustig gemacht hatte, die selbst nicht Griechisch können und deren Kenntnis des philosophischen Textes von der Übersetzung des Originalwerks ins Arabische aus dem Syrischen abhängt: Sie hätten Zugang nur zur Übersetzung einer Übersetzung und befänden sich, wie Sirafi annimmt, doppelt weit von der Wahrheit entfernt. Auf diese Kritik, die in der ersten Zeit, als die Übersetzungen vom syrischen Text und nicht vom griechischen Original ausgingen, nicht ohne Berechtigung war, antwortet Matta also, dass die Entfernung vom Original nicht schadet: Da die Wahrheit Tochter der überall sich selbst gleichen Vernunft ist, bleibt sie auch nach doppelter Übersetzung intakt. Die Behauptung wird ferner zu einem Bekenntnis zur Universalität gegen Sirafis sprachlichen Relativismus, der letztlich denkt, dass jede Sprache eine Welt in sich, mit *ihrer* spezifischen Logik ist: Eine Grammatik des Denkens im Allgemeinen, deren Existenz die Philosophen annehmen, hat für ihn keinerlei Wirklichkeit.

Wirklich sind nur die unterschiedlichen Grammatiken der unterschiedlichen Sprachen, die die Menschen sprechen. Es gibt für Sirafi also keine Wissenschaft der Logik, nicht das, was Leibniz später eine „philosophische Grammatik" nannte. Es gibt eine griechische Logik wie es eine arabische Logik gibt, die nichts anderes als die Grammatik des Arabischen ist. Im Übrigen, so sagt er zu Matta, hat „euer" Aristoteles, den ihr wie die Papageien nachplappert, während ihr euch dabei rühmt zu philosophieren, nichts anderes getan, als das, was in Wirklichkeit nichts anderes als die Grammatik seiner Sprache war, als eine universale Logik, als eine Grammatik des Denkens im Allgemeinen darzustellen. Es gibt folglich keinen Grund, dass diejenigen, die eine andere Sprache sprechen, und noch weniger diejenigen, die die Sprache der Offenbarung sprechen, sich der Logik des Philosophen aus Stageira beugen sollten.

Diese Debatte ist in Wirklichkeit erstaunlich modern. Sirafis Position findet in Émile Benvenistes These Nachhall, wonach die „Kategorien des Denkens", die von Aristoteles aufgezählt werden, nur die „Kategorien der [griechischen] Sprache" sind.[18] Wenn der Grammatiker des 9. Jahrhunderts dem Universalismus des Logikers Matta entgegnet, dass „man zu verständlichen Zwecken und genauen Bedeutungen nur durch die Sprache gelangt"[19], stimmt das erstaunlich mit Benvenistes Feststellung überein, dass das, „was man sagen kann, [...] das, was man denken kann", begrenzt und organisiert. Benveniste fragt, ob man in diesem Fall universale Kategorien des Denkens annehmen kann, die also keiner besonderen Sprache angehören. Das ist genau die Frage, die Sirafi elf Jahrhunderte vorher gestellt hatte. Nach der Untersuchung der berühmten Tafel, die Aristoteles von den Kategorien des Denkens erstellt, antwortet Benveniste darauf im Wesentlichen, dass die Kategorien, die Aristoteles als universal bezeichnet, „sich als die Übertragung von Kategorien der Sprache" offenbaren.[20]

Die unterschiedlichen Arten, das Sein auszusagen? Dabei handelt es sich einfach um ebenso viele Arten, das Verb „sein" im Griechischen zu verwenden, wobei die wichtigste darin besteht, aus „Sein" einen objektivierbaren Begriff zu machen, den die philosophische Reflexion wie jeden anderen Begriff verwenden, analysieren und verorten kann. Nehmen wir das Englische her. Man kann die Frage „Was ist Sein?" („*What is being?*") in dieser Sprache stellen, weil sie über die Mittel verfügt, durch die Hinzufügung von *-ing* zum Zustandsverb *be being* („Sein") zu erzeugen, um anschließend Fragen nach diesem *being* zu stellen. Wird man sagen, dass diese Fragen universal sind (ganz zu schweigen von den möglichen Antworten), wenn andere Sprachen, die ohne das Verb „sein" auskommen, sie in den ihnen zur Verfügung stehenden Ausdrucksweisen nicht einmal stellen können?

Um das zu veranschaulichen, konfrontiert Benveniste das Griechische mit der in Togo und Ghana gesprochenen Ewe-Sprache, in der „der Begriff des ‚Seins' oder das, was wir so bezeichnen würden, sich auf mehrere Verben" verteilt.[21] Im Arabischen verhält es sich ungefähr genauso, und so konnte Sirafi, von dem man nicht sagen kann, dass er bloß engstirnig gewesen wäre, bei dem, was bei der Übersetzung der Logik (von der die *falasifa* gerne hätten, dass sie sich zum Geist verhalte, wie die Syntax zur Sprache) vom Griechischen ins Syrische oder ins Arabische auf dem Spiel steht, einen Aspekt hervorheben, der keineswegs trivial ist. Das ist eine ständig wiederholte Analogie, die man zum Beispiel in einem Logiklehrbuch wiederfindet, das im Maghreb und in den islamischen Lehrzentren häufig verwendet wurde, die sich im muslimischen Subsahara-Afrika mit der Islamisierung entwickelt haben; dieses Lehrbuch, das *As-sullam al-murawwanaq* (wörtlich: *Die leuchtende Leiter*) betitelt ist, stammt aus der ersten Hälfte des 14. Jahrhunderts.[22]

Zwei Bemerkungen zum Abschluss. Die erste führt uns zum Philosophisch-Werden der Sprachen zurück. Das gerade erwähnte Beispiel der Wichtigkeit des Wortes „sein" in der logischen Prädikation bei Aristoteles erklärt, warum die Philosophen, die ins Arabische übersetzten, in den Augen des gestrengen Grammatikers Sirafi eine *andere* Sprache, die aufgrund ihrer zahlreichen Neologismen und den erfundenen Formulierungen inakzeptabel ist, zu erschaffen scheinen. Um eine möglichst genaue Entsprechung zur kanonischen aristotelischen Aussageform „S ist P", zum Beispiel „Sokrates ist sterblich" – mit Subjekt, Kopula und Prädikat –, zu erzielen, bemühen sie sich, dieselbe Dreiheit im Arabischen zu finden und schreiben „Sokrates *findet sich* sterblich" oder „Sokrates, *er*, sterblich". Wird damit die Grammatik/Logik einer Sprache einer anderen auferlegt? Sirafi hat von seinem Standpunkt des Hüters des *jus et norma loquendi*, der richtigen und natürlichen Redeweisen, aus sicherlich Recht.

Und doch, vom Standpunkt der Geschichte der Logik selbst aus kann man sehen, welche Bedeutung das Insistieren der Übersetzer hatte, eine *rabita*, eine Kopula aufzuzeigen, obwohl die arabische Sprache, anders als die griechische, die kanonische Satzform „S ist P" a priori nicht zuließ. Die Kopula, die sie erfanden, war so von ihrer ontologischen Last befreit und war nur noch ein *Symbol*, das die Beziehung zwischen Begriffen, ein Verhältnis, ausdrückte, dessen formale Eigenschaften untersucht werden konnten. Somit fand, als mit Leibniz und Boole die symbolische Algebra zur Sprache der Logik wurde, die Vorgangsweise der philosophischen Übersetzer, die im Arabischen eine Entsprechung für die Rolle des Verbs „sein" in Aristoteles' Logik fabrizierten, in der Verwandlung der Kopula zum Gleichheitszeichen einen Nachhall.

Allgemeiner gesagt, und das ist die zweite Bemerkung, geht es über die eigentlich technischen (linguistischen und logischen) Aspekte der Kontroverse hinaus natürlich um die Dialektik von Verschlossenheit und Offenheit. Sirafi ist für eine Verschließung vor dem, was Griechenland ihm zufolge nur für sich und in seiner eigenen Sprache gedacht hat. Diese Verschließung dient dazu, sich besser auf die Hermeneutik der Offenbarung und ihrer Sprache konzentrieren zu können, aus der die einzigen Wissenschaften entstehen können – Grammatik, Kommentar, Theologie und vor allem Rechtslehre, die in den Rang der Königin der Wissenschaften erhoben wird –, die in der islamischen Welt zählen. Matta steht auf der Seite der Öffnung, die die Bastardierung bezeugt, die die arabische Sprache durchmacht, indem sie die griechische Philosophie aufnimmt. Eine Sprache, die ihrerseits bald zu einer Sprache der Philosophie wurde, in der sowohl muslimische Philosophen wie Avicenna, Al-Farabi, Ghazali, Averroes, Ibn Tufail als auch jüdische Philosophen wie Saadia Gaon oder Maimonides schrieben und dachten.

3. Was bedeutet es für eine Philosophie, islamisch zu sein?

Die Philosophie hat bei ihrem Eintritt in die islamische Welt also ihren griechischen, fremden Namen *philosophia* behalten. Der Name wurde arabisiert in *falsafa*, der Philosoph wurde zum *faylasuf* und die Philosophen im Plural *falasifa*. Damit wird klar angezeigt, dass es sich hierbei um eine neue Disziplin handelt, die außerhalb der Grenze liegt, die die „islamischen Wissenschaften" oder „Wissenschaften der Religion" umschießt und auf der sich mit einem Fuß drinnen und einem Fuß draußen die rationale Theologie hält. Muss man also von „islamischer" Philosophie sprechen? Kann, allgemein gesagt, das philosophische Fragen, das von Natur aus nichts ohne Überprüfung voraussetzt, widerspruchsfrei als griechisch, indisch, christlich oder islamisch bezeichnet werden?

Sicherlich findet eine „Islamisierung" der Philosophie statt, das heißt eine Aneignung des griechischen Denkens, das nicht nur bloß übersetzt, sondern regelrecht einverleibt wird. Kehren wir zum Traum des Kalifen Al-Ma'mun zurück: Aristoteles als Blonden mit blauen Augen zu träumen, war eine Art und Weise, wie sein Unbewusstes ihm sagte, dass es sich um einen Fremden handelt. Doch dasselbe Unbewusste diktierte ihm auch, den Stagiriten in einen strengen Monotheisten zu verwandeln, der sich über die Offenbarung in ihrem Bezug zur Vernunft äußerte und ihm zum Schluss ihres Traumgesprächs gebot, nur einen einzigen Gott anzuerkennen. Dasselbe Streben, Philosophie und Philosophen zu islamisieren, findet man in der Literatur in zahlreichen Erzählungen, in denen Sokrates mehr einem Meister sufistischer Weisheit ähnelt als dem Mentor Platons, den Letzterer uns in den Dialogen schildert.

Über die lokale Färbung hinaus, die das Denken und die Denker Griechenlands hierbei erhalten, bedeutet der Ausdruck „islamische Philosophie", dass die Gründungserzählungen der Religion im Lichte der Lehren Platons, Aristoteles' oder Plotins gelesen oder verstanden werden, zum Beispiel in Bezug auf die Richtung, die man der Reise des menschlichen Geists zur Wahrheit geben muss. Die beste Veranschaulichung dafür ist Avicennas philosophische Rekonstruktion einer der wichtigsten Überlieferungen im Islam, nämlich der Erzählung von der Himmelsreise des Propheten Mohammed, auf der er Gott begegnet. Diese Rekonstruktion enthält die Lehre, dass es im Hinblick auf das Wunderbare darauf ankommt – vielleicht auch im Hinblick darauf, es mehr schätzen zu lernen –, die rationalen Bedeutungen, deren Allegorie es ist, freizulegen und lesbar zu machen.

Der eigentlichen Himmelsreise ging die sozusagen horizontale Reise von Mekka nach Jerusalem voraus, von der im 17. Kapitel des Korans die Rede ist, das „Die Nachtfahrt" (*isra*) betitelt ist und dessen erster Vers lautet: „Preis ihm, der bei Nacht Seinen Diener hinwegführte von der Heiligen Moschee [in Mekka] zu der fernen Moschee [in Jerusalem], (…) auf dass Wir ihm einige Unserer Zeichen zeigen. Wahrlich, Er ist der Allhörende, der Allsehende." (17:1–2) Das Kapitel 53 wiederum spricht von der Begegnung am Ende der vertikalen Himmelsreise (*miraj*) von Jerusalem bis zum „fernsten Lotusbaum", wo er mit „nicht abweichendem noch abschweifendem Blick eines der größten Zeichen seines Herrn gesehen“ (53:19–18) hatte.

Doch über die koranischen Andeutungen hinausgehend schmückt vor allem die Überlieferung sowie eine reichhaltige Literatur diese Himmelsreise mit Details aus und spinnt endlos die Erzählung vom Propheten weiter, der auf einem wunderbaren Ross, vom Erzengel Gabriel begleitet nach der heiligen Stadt Jerusalem reitet, wo er zuerst mit den ihm vorausgegangenen Propheten betet und sodann durch die Himmelssphären an die Grenze des Verständlichen, bis zu Gott selbst aufsteigt. Es ist also nicht erstaunlich, dass die muslimische Ikonographie in dieser Erzählung immer schon eine Quelle unerschöpflicher Inspiration gefunden hat.

Die muslimische Tradition sagt zusammengefasst Folgendes über sie: Während der Prophet im Inneren der Kaaba in Mekka schlief, kam der Engel Gabriel zu ihm, um ihn zu wecken und ihm ein geflügeltes, gänzlich weißes Ross zu zeigen, eine Mischung aus Maultier und Esel, mit Namen Al-Bourakh. Das Ross brachte ihn mit Gabriel als Führer nach Jerusalem, wo er eine Gruppe von Propheten, darunter Abraham, Moses und Jesus, traf, deren Gebet er leitete. Danach fuhr er vom Felsentempel aus mit Al-Bourakh in den Himmel auf, wo er neuerlich die Propheten traf, die er in Jerusalem gesehen hatte. Er sah sie diesmal in ihrer himmlischen Wirklichkeit, so wie sie selbst waren, und entdeckte somit zum Beispiel die legendäre Schönheit Josephs, an der sich der göttliche Glanz zeigte. Nachdem er die Wunder des Paradieses erblickt hatte, sah er Gott und sprach mit ihm. Es wurden ihm dabei nicht nur einige Koranstellen offenbart, sondern auch das islamische Gebot des Gebetsritus, der jeden Tag zu vollziehen ist. Moses brachte ihm bei, die Anzahl der Gebete für die Menschen, die immer allzu menschlich sind, von fünfzig auf fünf hinunter zu verhandeln.

Diese Tradition wendet sich zweifellos an die Vorstellungskraft. Die intelligiblen Wirklichkeiten müssen nämlich in eine bildliche Sprache gekleidet werden, um alle Geistestypen anzusprechen, ebenso jene, die das Wunderbare bewegt, als auch jene, die in den Analogien, die ihnen dargelegt werden, das Undarstellbare zu erfassen vermögen, auf das sie hinweisen. Das ist die Aufgabe der Philosophie, so wie sie die *falasifa*, von Avicenna bis Ibn Tufail und Averroes, auffassen: gemäß der Vernunft und ihren Begriffen das zu deuten, was als eine Erzählung erscheint, die sich an die Vorstellungskraft richtet. Dieses Prinzip wendet Avicenna in der Abhandlung an, die er der prophetischen *miraj* widmet und die demnach *Miraj Nama* (*Das Buch der Himmelsreise*) betitelt ist. Es ist kein Hauptwerk Avicennas und es ist eine Gelehrtenfrage, ob man es mit ganzer Gewissheit dem Philosophen zuschreiben kann oder nicht. Es ist nützlich, zu dieser Frage, die auch von Henry Corbin aufgeworfen wurde, den Annex B zu lesen, den ihr Peter Heath am Ende der Übersetzung der Abhandlung ins Englische gewidmet hat.[23] In jedem Fall ist sie eine perfekte Illustration der Kosmologie und der Psychologie Avicennas: Sie ist also sicherlich avicennistisch. Und im Übrigen hat der Philosoph nach dem Modell der Himmelsreise andere Erzählungen ausgedacht, in denen es jeweils darum geht, mithilfe von Allegorien eine Reise zu beschreiben, die einerseits in den Kosmos führt und sich andererseits in der Psyche des Menschen mittels seiner verschiedenen Geistesvermögen abspielt.

Zuallererst aber noch ein Wort zu Avicenna. Avicenna ist der latinisierte Name von Abu Ali al-Husain ibn Abd Allh ibn Sina. Der gebürtige Perser wird 980 bei Buchara, heute Usbekistan, geboren, wo er auch zu studieren beginnt. Er ist besonders frühreif und zeichnet sich schon in jungen Jahren in den „islamischen" Wissenschaften sowie in den philosophischen Disziplinen Mathematik, Physik, Logik und Metaphysik aus. Vor allem in der Medizin zeigt sich sein Genie. Seine Biographie berichtet, dass es ihm, kaum siebzehnjährig, gelingt, den muslimischen Fürsten der Stadt von einer schweren Krankheit zu heilen. Als besondere Gunst von Seiten des Mächtigen, der ihm zu Dank verpflichtet ist, öffnet sich ihm die umfangreiche Palastbibliothek, was ihm ermöglicht, zu jenem enzyklopädischen Geist zu werden, den die Geschichte in Erinnerung behält. Allen, die das Wissen suchen, sei seine Beharrlichkeit eine Lehre: Aristoteles' *Metaphysik* liest er vierzig Mal, bevor er auf ein kleines Buch des *faylasuf* Al-Farabi stößt, das ihm den Schlüssel zum Verständnis liefert. Nach dem Tod seines Beschützers und am Ende der Dynastie der Samaniden, der er angehörte, verlässt Avicenna Buchara und bereist Chorasan. Er lässt sich in Hamadan nieder, auf Bestreben eines Fürsten, der ihn zum Minister ernennt, um einen so großen Arzt bei sich zu behalten. In Hamadan widmet er sich dem umfassenden Kommentar der Werke Aristoteles' und verfasst zugleich seinen berühmten *Kanon der Medizin*, „der mehr als alle anderen seiner Werke", schreibt Salomon Munk, „dazu beigetragen hat, seinen Namen unsterblich und ihn sogar in Europa bekannt zu machen, wo man die Werke Ibn Sinas jahrhundertelang als so etwas wie die Grundlage der medizinischen Studien angesehen hat."[24]

Nach dem Tode des Fürsten, mit dessen Sohn und Nachfolger er sich nicht versteht, tritt er in Kontakt mit einem rivalisierenden Fürsten in Isfahan, was dazu führt, dass er, als man es entdeckt, ins Gefängnis geworfen wird. Er nutzt seine Gefangenschaft zum Schreiben, bevor es ihm gelingt, nach ein paar Jahren nach Isfahan zu gelangen, wo er in die Dienste eines neuen Fürsten tritt. In den Kriegen dieses Fürsten verliert er die Manuskripte seiner Werke und auch seine Gesundheit, da er sich bei einem Feldzug jene Darminfektion zuzieht, an der er sterben wird. Dieser Mann, der in einer unruhigen Zeit lebte, der in die Politik gezogen wurde und ein nomadisches Leben führte, verfasste dennoch ein umfangreiches und für die allgemeine Geistesgeschichte bedeutendes Werk. Er schrieb daran im Gefängnis, manchmal buchstäblich zu Pferde. Er wurde sowohl „Ärztefürst" als auch „der Meister schlechthin" (gemeint: in Philosophie) genannt. Er verschmähte während seines abenteuerlichen Lebens weder gutes Essen noch andere weltliche Genüsse und starb als frommer Mann im Jahr 1037 in Hamadan, wohin die Kriege seines Fürsten ihn zurückgebracht hatten.

Der Meister des islamischen Peripatetismus versteht die Schöpfung als einen Emanationsprozess, durch den das göttliche Denken eine Abfolge von Intelligenzen hervorbringt, die den Engeln nahestehen, von der Ersten bis zur sogenannten handelnden Zehnten Intelligenz, die gewissermaßen über uns als Schutzengel wacht, weil sie die menschliche Intelligenz erhellt und somit unsere Fähigkeit aktualisiert, die intelligiblen Wirklichkeiten zu verstehen, so wie das Licht unsere Fähigkeit wirksam macht, die sinnlichen Dinge zu sehen. In anderen Worten: Dank der ursprünglich göttlichen Emanation des handelnden Intellekts wird unsere anfänglich passive und bloß potentielle Intelligenz erweckt und aktiviert.

Doch wir sind nicht nur Intelligenz. So wie die Prozession der Intellekte, die in dem existieren, was man die höhere Welt nennen kann, Seelen und Sphären hervorgebracht hat, so koexistieren im Menschen mit dem Vernunftvermögen, das ihn von den anderen Reichen unterscheidet, ein vegetatives Vermögen der Ernährung und Fortpflanzung, ein Empfindungsvermögen und ein (auch) animalisches Vermögen des Begehrens. Daraus, dass alles aus Gott stammt, folgt, dass alles begehrt, zu ihm zurückzukehren. Auch beim Menschen ist alles, die Pflanze und das Tier ebenso wie das vernünftige und intelligente Wesen in ihm, Begehren des Göttlichen. Dieses Begehren, sagt Avicenna im Wesentlichen, hat den Propheten aus seinem Schlaf im Innern der heiligen Moschee gerissen, um ihn zuerst nach Jerusalem, dem Zentrum dieser Welt und also auch dem Tor zur anderen Welt, und durch den Himmel bis an die Schwelle, wo man im Angesicht Gottes selbst steht, zu führen.

Hinsichtlich der Bedeutung des Reiseziels Jerusalem sei daran erinnert, dass es erst nach der Hidschra von Mekka als Orientierungspunkt des muslimischen Gebets abgelöst wurde. Doch letztlich wird Jerusalem – Begegnungspunkt der drei monotheistischen Religionen – im muslimischen Bewusstsein niemals die Stellung einer Manifestation des Zentrums verlieren, eine Bedeutung, die in der Errichtung der Al-Aqsa-Moschee Gestalt angenommen hat.

Das Buch der Himmelsfahrt beginnt mit einer Warnung. Es richtet sich an jene, die nach einer *vernünftigen* Erklärung, das heißt nach einer in der *Natur* der Dinge gründenden Bedeutung des Ereignisses jener Reise fragen. Anders gesagt: Freunde des Wunderbaren, das ist nichts für euch! Dieser Text richtet sich nicht an euch. Das Philosophieren gründet auf einer strengen Geheimlehre, die verlangt, dass man sicherstellt, mit einem Geist zu sprechen, der einem gewogen ist und Wahrheiten und Deutungen empfangen kann. „Es ist ein Fehler, einem Fremden Geheimnisse zu verraten.“, sagt Avicenna in einem Bild, das die Natur dieser Geheimlehre ausdrückt. Er präzisiert aber, dass es jedoch ebenso ein Fehler ist, sie einer Person zu verweigern, die potentiell die Intelligenz hat, um sie zu verstehen. Diese Art der Warnung, auf die wir später noch stoßen werden, kommt bei den Philosophen genauso wie bei den Mystikern (Sufis) häufig vor und zwar beiderseits aus denselben Gründen: Die Literalisten wären sicherlich verstört von den Deutungen (und wahrscheinlich auch verärgert darüber), die ein Bild auf das zurückführen, was es gemäß einer Ordnung bezeichnet, die nicht die des buchstäblichen Sinns ist. Die Sufis sind nun aber wie die Philosophen Interpreten.

Das Kapitel, das unmittelbar auf die Einleitung folgt, in der die Warnung ausgesprochen wird, ist ein reines Philosophiekapitel, in dem noch nicht von der Himmelsreise selbst die Rede ist. Es geht darin zunächst um die menschliche Natur, die in der Verbindung zweier Entitäten besteht, die zwei unterschiedlichen Welten angehören: Körper und Geist. In einem Bild, das an den Vergleich erinnert, den Platon im *Phaidros* anstellt, wird angedeutet, dass der Vereinigung von Geist und Körper der Vereinigung zwischen Reiter und Reittier entspricht. Der Körper wird von dreierlei Arten von Seelen belebt, der natürlichen, die mit der Leber verbunden ist, der animalischen, die mit dem Herz verbunden ist, und der geistigen, die ihren Sitz im Gehirn hat. Die beiden ersten müssen der dritten dienen, die der Menschheit eigentümlich ist und aus der Vernunft, Weisheit, Erkenntnis und Urteilskraft stammen. Somit unterscheiden sich die

Menschen nicht so sehr durch ihre natürliche Verfassung, die bei allen dieselbe ist, sondern abhängig von der Herrschaft, die in ihrem Sein diese oder jene Seele, in dieser oder jener Funktion ausübt. Das menschliche Ideal ist die Vorherrschaft der vernünftigen Seele, die die unterschiedlichen Bestandteile für die gute Funktionsweise des Ganzen anordnet, unter der Aufsicht der Intelligenz, die auch Heiliger Geist genannt wird, dem höchsten Vermögen, das immer zur Höhe gewandt ist und das an der handelnden Intelligenz hängt, die es mit den intelligiblen Wirklichkeiten nährt.

Die Intelligenz besitzt dennoch auch eine praktische Dimension, durch die das Vernunftvermögen im Bereich der sinnlichen Wirklichkeiten und im Interesse des vernünftigen Tiers fähig ist, Konsequenzen zu ziehen, Kenntnisse weiterzuentwickeln und anzuwenden. Die vernünftige Seele unterscheidet sich zwar von der Intelligenz, aber sie ist keineswegs etwas anderes: Es handelt sich um zwei Namen ein und derselben Wirklichkeit. Die Seele ist Intelligenz, um das Intelligible zu erfassen, Urteilskraft, wenn es ums Nachdenken und Unterscheiden geht, so wie das Wahrnehmungsvermögen der sinnlichen Dinge Geruchssinn für die Gerüche ist, Sehsinn für die sichtbaren Dinge, Gehörsinn für die Töne … Es ist also sinnvoll zu sagen, dass der Mensch das Begehren ist, sich in der Fülle zu verwirklichen, die ihn zur Lust führt, die die Ausübung seines höchsten Vermögens bietet. Die ungemischte, volle Lust ist also diejenige, die das Verständnis der intelligiblen Dinge verschafft, aber die Suche danach, das heißt der Aufstieg zu sich selbst, endet nicht bei dieser ersten Ausübungsebene. Der Intellekt, das Zentrum unserer Menschlichkeit, ist auch eine Öffnung zu allen von Gott emanierten Intelligenzen, dank der Vermittlung durch die Zehnte Intelligenz, das heißt den Engel, der vom nächstgelegenen Himmel aus über uns wacht und uns anzieht. Sobald wir mit dieser oder jener Intelligenz in Kontakt treten, entwickelt das in uns diese oder jene Kenntnis und Haltung. Sobald wir mit der allerersten emanierten Intelligenz vereint sind, die Avicenna den ersten Hüter oder die allgemeine Intelligenz nennt, sind wir selbst vollständig allgemeines Verstehen geworden und unser Intellekt, der von dieser Intelligenz erfasst wird, ist *prophetisch* geworden.

Man wird verstanden haben, dass diese Darlegung der Natur des Menschen als Begehren, durch die unterschiedlichen Himmelssphären der Intelligenz bis zur vollen Verwirklichung des prophetischen Geistes zu reisen, keine Einleitung, keine Vorstufe zur vernünftigen Erklärung der Himmelsreise, sondern diese Erklärung selbst ist. Die Himmelsreise ist nichts anderes als der Aufstieg des Menschen zu dem, was er ist und was er zu sein hat. Die Reise ist kosmisch, insofern sie zuerst mikrokosmisch ist: Und wenn sie sich schließlich im Makrokosmos vollzieht, gerichtet auf das Jenseits dieser Welt, auf Gott, dann weil sie sich im Innern des Menschen, in Richtung seines Selbst, vollzieht. Im darauffolgenden Kapitel, das die Erzählung der Himmelsreise des Propheten Satz für Satz kommentiert, gibt Avicenna das in Bild- und Symbolsprache Gesagte in der Begrifflichkeit der neuplatonischen Analyse der menschlichen Psychologie wieder.

Der Prophet befand sich in einem Zustand zwischen Wachen und Schlafen, als alles begann, weil das Schweigen der Sinne, des Vermögens des Jähzorns und der Einbildungskraft die Bedingung für das Erwachen des geistigen Vermögens ist, welches das Verlangen nach dem Wahren ist.

Gabriel erscheint als Engel, weil sich darin das Vermögen des Heiligen Geistes zeigt, den menschlichen Intellekt zu erleuchten und ihm so das Gebot Gottes zu übermitteln. Die von Avicenna wiedergegebene Erzählung vom Engel, der den Propheten umarmt und ihn als seinen „Bruder" anspricht, ihn zwischen die Augen küsst und ihm aufträgt: „Oh, Eingeschlafener, erhebe dich! Wie lange ist dein Schlaf!", soll als Ausdruck der gegenseitigen Durchdringung des menschlichen Intellekts und des Heiligen Geistes verstanden werden. Der Heilige Geist lehrt das Verlangen nach einer anderen Welt, sodass man sich nicht mehr mit der Welt der Sinne und der Vorstellungskraft begnügen kann. Zugleich bietet er sich als Führer zu den höheren Wirklichkeiten an.

Al-Burakh, das fabelhafte geflügelte Ross, erscheint deshalb als Mischwesen aus Esel und Maultier, weil seine Hybridität das Vermögen des Heiligen Geistes, der zwischen der menschlichen und der universalen Intelligenz steht, ausdrückt, den Verstand zu aktivieren, ihn durch die geistigen Wirklichkeiten zu tragen, für die er gemacht ist. Und sein menschliches Gesicht (die Ikonographie macht ihn zu einer Frau) ist das Zeichen seiner Funktion, den Menschen darüber zu belehren, was sein Los ist.

Bevor sie von der Ankunft im heiligen Haus von Jerusalem berichtet, das den Eingang zu den geistigen Wirklichkeiten repräsentiert, spricht die Erzählung von einer Frau, die den Propheten anspricht: Darin muss man natürlich das Vorstellungsvermögen sehen, das für unsere Augen die Dinge der sinnlichen Welt verschönert. Desgleichen: Wenn der Prophet vor der eigentlichen Himmelsreise die Wahl zwischen einem Becher Wein und einem Becher Milch (in Avicennas Version kommt ein

Becher Wasser hinzu) hat, handelt es sich natürlich um die Weggabelung zwischen den Gelüsten, die nach unten ziehen, und dem Verlangen der vernünftigen Seele, die allein fähig ist, die intelligible Welt zu schauen (hier, in der Version der drei Wege, ist das Wasser die natürliche Seele, die das Leben des Tiers erhält). Es sei auch angemerkt, dass der Heilige Geist, der von Gabriel verkörpert wird, ihm bei der in symbolischer Form präsentierten Wahl hilft.

Wir werden hier nicht alle symbolischen Entsprechungen abhandeln, die Avicennas Kommentar herausarbeitet. Sie sind zahlreich, von den Propheten, die den Vermögen entsprechen und ebenso Intelligenzen sind, die mit den unterschiedlichen durchquerten Himmelssphären verbunden werden, vom Mond und den Fixsternen bis zum „Meer", das die Erste Intelligenz darstellt … Avicenna betont, dass bei der letzten Begegnung mit Gott die Sprache für den Menschen nicht ausreicht, das notwendige Wesen zu preisen und die unvergleichliche Freude auszudrücken, die das Eingehen in die Einheit begleitet. „Nur du", sagt der Prophet zu Gott, „kannst dein eigenes Loblied singen." Zu sagen, dass dieser Augenblick, in dem die Intelligenz an ihre Grenze gelangt, auch derjenige ist, in dem die Sprache ihrer eigenen Ohnmacht begegnet, heißt auch anzudeuten, wie bedeutsam das Vorstellungsvermögen ist. Prophet zu sein, heißt nicht nur, sich in dieser Himmelsfahrt zu Gott zu verwirklichen, um schließlich als Mystiker im Unsagbaren zu versinken. Prophet zu sein, heißt, zu sich und zu den anderen zurückzukehren, sich an die Menschen zu wenden. Ein Prophet muss vom Berg hinabsteigen, um zu den Menschen zu sprechen. Er ist eigentlich Gesetzgeber und „es geziemt dem Gesetzgeber nicht, zu zeigen, dass er eine Wahrheit für sich behält, die er vor dem Volk verheimlicht, er muss sogar verbieten, dass bloß ein solcher Verdacht geäußert wird.“[25]

Besteht das göttliche Wort denn nicht aus Tönen und Buchstaben? Sicherlich, aber es spricht die Sprache der Kinder Adams. Wenn der Prophet zu denen zurückkehrt, die er belehren soll, muss er also in Worte fassen, was von anderer Art als die aus sinnlichen Elementen bestehende Sprache ist. Das vollbringt eben die Vorstellungskraft, anders ausgedrückt, das Vermögen, in Bilder zu kleiden, wovon wir niemals eine sinnliche Anschauung haben können. Der Prophet muss „Gottes Herrlichkeit und Größe mittels Symbolen und Beispielen erkenntlich machen, die aus den Dingen bezogen sind, die bei den Menschen herrlich und groß sind [...]. Es schadet nicht, dass seine Rede Symbole und Anspielungen enthält, damit er jene ruft, die von Natur aus fähig sind, sich der spekulativen Suche hinzugeben.“[26]

Die Bilder drücken die Erfahrung der Wahrheit durch ihre Suggestivkraft aus. Sie sprechen zu allen in gleicher Weise, doch im Einklang mit der Natur ihres Geistes: angefangen bei denen, die nicht über die Bilder hinausgehen und an ihrer buchstäblichen Bedeutung festhalten, bis zu jenen, die es verstehen, zu ihrer Quelle zurückzugehen, zu den intelligiblen Dingen, die sie bezeichnen. Diesen Geistern werden die Bilder angeboten, damit durch die Bilder auch sie die Himmelsreise unternehmen. Somit schließt Avicennas Text mit seiner anfänglichen Absicht, mit der Darlegung dieser Absicht: mit dem Wesen und der Notwendigkeit der vernünftigen Interpretation für diejenigen, die den Geist haben, um sie durchzuführen. Denn „nicht für jeden sind die Dinge in göttlicher Weisheit leicht gemacht.“[27]

Und für die anderen? Die Bilder genügen ihnen, da sie in gewisser Weise eine Schutzfunktion der intelligiblen Inhalte erfüllen, insofern es stimmt, dass einem Rationalisten, der eine intelligible Wirklichkeit erklärt, nur ein anderer Rationalist folgen darf, ohne dabei die Fremden – deren Geist sich am Sinnlichen festhält – zu stören. Somit befriedigt die Erzählung als Erzählung die Literalisten, die zum Beispiel verlangen, dass die Reise körperlich vollzogen worden ist. Avicenna sagt jedoch, dass man dann fragen müsse, warum für ein geistiges Ziel der sinnliche Körper bei der Reise dabei sein sollte.

Die Erzählung, so haben wir gesagt, ist auch eine Einladung zum Aufstieg. Das bedeutet, dass die Reise zur Verwirklichung der prophetischen Natur, das heißt die Vereinigung mit der universellen Intelligenz, eine Fähigkeit ist, eine Potentialität, die im Menschen im Allgemeinen angelegt ist. Der Prophet ist in diesem Sinne der vollendete Mensch (deshalb nennt ihn der Koran ein vollkommenes *Beispiel*), der den anderen den Weg zeigt, der sie zu ihrer eigenen Vollkommenheit führt. Die „vernünftige Erklärung" der prophetischen Erzählung ist also *auch*, letztlich, Mystizismus. Das Ziel ist, eins mit sich selbst zu werden, um mit dem Göttlichen eins zu werden. Und es wird erreicht, wenn an der Spitze der Vernunft und der Intelligenz die prophetische Natur erblüht, die die Erleuchtung empfängt.

Kehren wir abschließend zur Anfangsfrage zurück, zur Frage nach dem Islamisch-Werden der Philosophie und seiner Bedeutung. Am hier untersuchten Text ist es möglich zu sehen, was das konkret heißt: Es geht nicht nur darum, die griechischen Philosophen zu übersetzen, um sie zu kommentieren, sondern auch darum, eine islamische Erzählung, wie die der Himmelsreise des Propheten, im Lichte zum Beispiel von Aristoteles' *De anima* zu lesen, ein Werk, das Al-Farabi kommentiert und sich zu eigen gemacht hat. Das Ergebnis davon war, aus der Erzählung die Lehre zu ziehen, dass der Aufstieg in den Himmel (auch) die Reise durch die menschlichen Vermögen zur Verwirklichung der menschlichen Natur ist. Eine solche Lesart erschien natürlich den Anhängern der Selbstverschlossenheit häretisch, für die der Islam seine eigene Philosophie ist, die demnach nichts mit dem „heidnischen Denken" zu tun habe. Sie sehen also die griechische Philosophie keineswegs als Möglichkeit, die eine bessere Selbstkenntnis eröffnet, sondern erachten einen Dialog zwischen der Erzählung der *Miraj* und *Über die Seele* als eine Abweichung vom Weg, der von der Tradition vorgezeichnet ist. Deswegen sagte man über Avicenna, dass er behauptet habe, auf den Propheten und seine Offenbarung verzichten zu können, weil er die menschliche Fähigkeit beweise, sich zu den intelligiblen Dingen und zur Verwirklichung seiner eigenen prophetischen Natur zu erheben.

Erinnern wir an den Traum Al-Ma'muns: Wenn dort, wo es darum geht, zu sagen, was wahr ist, die Offenbarung in Aristoteles' Worten nach der *Vernunft* kommt, dann muss man verstehen, dass es sich hierbei nicht um eine Hierarchie handelt, um einen ontologischen Vorrang der Letzteren vor der Ersteren, sondern um einen logischen Vorrang. Die Offenbarung muss sich sehr wohl an den Menschen richten, und dieser muss also über die Fähigkeit verfügen, sie zu verstehen. Deshalb betont der Islam so sehr die schlichte Menschlichkeit seines Propheten: völlig Mensch, aber auch völlig vollendeter Mensch. Die avicennische Lesart der Himmelsfahrt sagt nichts anderes, wenn sie feststellt, dass die Philosophie – die, insofern sie die Erforschung dessen ist, was der Mensch vermag, ewig und nicht an eine besondere Kultur, weder an die griechische noch an die islamische, gebunden ist – einen Weg darstellt, sich selbst besser zu verstehen. Die *falasifa* werden immer diese Bedeutung der Offenheit verteidigen, und das ist es, was in der Frage des Philosophierens im Islam heute von Neuem auf dem Spiel steht.

4. Gegen die Philosophie?

Wenn man zu viel vernünftelt, verfällt man in Unglauben, erklären diejenigen, die ihre Haltung der Verschlossenheit zum Sprichwort machen. Das zielt sicherlich auf die *falasifa* ab, die, wie wir gesehen haben, rationalistische Erklärungen suchen. Das kann auch auf spekulative Theologen abzielen, und wir haben auch gesehen, dass die ascharitische Theologie vor allem dies war: eine Reaktion gegen die Übertreibungen der Mutazila, die den Anschein geben konnte, Gott durch die Vernunft ersetzt zu haben. Den Quietismus gegen den Rationalismus in die Waagschale zu werfen, war die Aufgabe der ascharitischen Schule seit der theologischen „Konversion" ihres Gründers. Aus dieser Schule ist die radikalste Anklage der „Irrtümer" der Philosophen hervorgegangen, von denen manche schlicht und einfach zu häretischen Thesen erklärt wurden, die den Unglauben ihrer Verfasser zeigten.

Diese Anklage stammt vom ascharitischen Theologen Abu Hamid al-Ghazali (1058–1111), dessen Name im Abendland in „Algazel" verwandelt worden war, und den wir einfach Ghazali nennen. Ghazali führte diese Angriffe jedoch nicht von außen, von seiner Position als Theologe und Mystiker: Er wollte gerade innerhalb der philosophischen Argumentation zeigen, dass sie zur Selbstzerstörung verdammt sei. Seiner radikalen Kritik des muslimischen Aristotelismus, *Die Inkohärenz der*

Philosophen, ging somit eine aufmerksame, minutiöse Studie des philosophischen Denkens seiner Zeit, oder, gemäß dem Titel des Werkes, das er ihm gewidmet hatte, der *Absichten der Philosophen* voraus. Die gewissenhafte Treue, mit der er die philosophischen Lehren in einer „vollständigen und klaren Abhandlung" wiedergibt, wie er es im Vorwort sagt, die ein „vollkommenes Verständnis" ihrer Thesen erkennen lässt, hat zur Behauptung Anlass gegeben, dass *Die Absichten der Philosophen* der Beweis dafür sind, dass Ghazali sich die Thesen des Aristotelismus zu eigen gemacht hat, während er selbst in ihrer redlichen Darlegung die notwendige Voraussetzung für die darauffolgende „Widerlegung" sieht. Darin besteht das Paradox Ghazalis: Als das Buch der *Absichten* am Ende des 12. Jahrhundert ins Lateinische übersetzt wurde, wurde es zu einem für das Studium der Philosophie wertvollen Lehrbuch (1506 wurde es in Venedig unter dem lateinischen Titel *Logica et Philosophia Algazelis Arabis* veröffentlicht) – zu einer Art Buch also, die Ghazali mit der *Inkohärenz* öffentlich angeprangert hatte. Seine mystischen Werke blieben, wie wir sehen werden, im Übrigen zutiefst philosophisch: Der Diskurs gegen die Philosophen ist letztlich noch immer derjenige eines Philosophen, wie ein Jahrhundert später derjenige sagte, der auf die *Inkohärenz der Philosophen* mit einem Buch antwortete, dessen Titel *Die Inkohärenz der Inkohärenz* lautet, nämlich Averroes.

Ghazali wird in der Mitte des 11. Jahrhunderts in der Nähe von Tus, im persischen Chorasan geboren. Seine intellektuelle Ausbildung beginnt in seiner Geburtsstadt und wird in Nischapur fortgesetzt, das damals ein wichtiges intellektuelles Zentrum war. Er studiert dort Theologie, aber auch Philosophie und Logik bei einem renommierten ascharitischen Lehrer, Al-Juwayni, bis zu dessen Tod im Jahr 1084. Er wird auch in die Lehre und Praxis des Sufismus eingeweiht. Ghazali lebt während einer besonders unruhigen Zeit der muslimischen Geschichte. Seit der Mitte des 8. Jahrhunderts soll die islamische Welt eigentlich unter der Herrschaft der Kalifen der Abbasidendynastie stehen. In Wirklichkeit entziehen sich Andalusien und Ägypten offiziell ihrer Kontrolle. In dieser Zeit wird Andalusien von den spanischen Umayyaden regiert, während Ägypten seit dem 10. Jahrhundert von der Dynastie der Fatimiden (909–1171) geleitet wird, nachdem ein Nachfahre Alis und Fatimas dort eine unabhängige schiitische Macht errichtete. Die abbasidischen Kalifen mussten selbst das Sultanat billigen, das die Dynastie der Seldschuken innehielt, die 1055 Bagdad erobert hatten und somit die sunnitische Macht von der schiitischen Vormundschaft durch die iranischen Bujiden befreit hatten, die mehr als ein Jahrhundert angedauert hatte. Unter dem seldschukischen Sultan Malik Shah (er regierte von 1072 bis 1092) beginnt Ghazali dank der Freundschaft und des Schutzes seines Veziers Nizim al-Mulk (1018–1092) nach seinem Studium in Nischapur seine Laufbahn als Lehrer der Theologie und der Rechtswissenschaft. Seine herausragende intellektuelle Stellung musste unter den damaligen Bedingungen auch eine ausgeprägt politische Bedeutung haben.

Die politischen Spannungen kamen tatsächlich zu den Spaltungen in Doktrinen und Sekten hinzu, die damals herrschten, von denen Ghazali selbst in einem *Der Erretter aus dem Irrtum* betitelten autobiographischen Text sagt, dass sie eine Vorhersage des Propheten des Islam ganz genau veranschaulichten, als dieser sagte: „Meine

Gemeinde wird sich in dreiundsiebzig Sekten spalten, von denen nur eine gerettet wird." Und nachdem Ghazali diese prophetische Überlieferung zitiert, fügt er hinzu: „Sein Wort ist dabei, sich zu verwirklichen."[28]

Es ist also dringlich, die gesunde Lehre zu verteidigen und zu veranschaulichen: Es geht um das eigene Heil. Und umso besser, wenn für das eigene Heil zu sorgen auch darauf hinausläuft, für die Politik des Veziers Nizam al-Mulk zu wirken, der durch Bildung den Sunnismus stärken will, der die Grundlage der Macht ist. Dafür hat der Vezier mehrere nach seinem Namen *nizamiya* genannte Lehrzentren gegründet, deren Mission darin besteht, die ascharitische Theologie und die schafi'itische Rechtsschule zu verbreiten. Sein eigener Lehrer Al-Juwayni hat ihn in der *nizamiya* von Nischapur ausgebildet. Im Jahr 1091 fällt ihm mit dreiunddreißig Jahren die Aufgabe zu, die *nizamiya* von Bagdad, der Hauptstadt des Reichs, zu leiten. Doch 1092 wird der Vezier, sein Beschützer, von einem schiitischen Ismaeliten ermordet. Zumindest ist das die verbreitetste Version, denn man findet auch eine andere, der zufolge ein untergründiger Machtkampf zwischen dem Sultan und seinem Vezier zu dieser Ermordung geführt hat. In jedem Fall stirbt im selben Jahr auch der Sultan Malik Shah. Ghazali setzt seine Lehre erfolgreich bis 1095 fort, als er, obwohl er in Bagdad großes Ansehen und großen Ruhm genießt, alles hinter sich lässt, um ein Nomadenleben zwischen Syrien, Palästina und dem Hedschaz zu führen. Er erklärte später selbst, dass seine Unruhe, seine Enttäuschung und sein Durst nach Gewissheit nur im Mystizismus ein Ende finden konnten. Als Sufi kehrt er elf Jahre, nachdem er die Lehre aufgegeben hatte, auf Bestreben des neuen Veziers Fakhr al-Mulk zum Lehrstuhl, diesmal nach Nischapur, wo er selbst studiert hatte, zurück. Im Jahr 1111 kehrt er schließlich in seine Heimatstadt Tus zurück, um zu sterben.

Als er die Mission wiederaufnimmt, dem System der *nizamiya* zu dienen, ist er kein junger Lehrer, der sich seiner Wissenschaft und seines Rechts sicher ist, die mit seiner Aufgabe verbundenen Ehren zu empfangen, sondern nach elf Jahren der Zurückgezogenheit sieht er darin ein Priesteramt: „Wenn ich auch (nach außen hin) zur Verbreitung der Wissenschaft zurückgekehrt bin, so weiß ich, daß ich nicht in Wirklichkeit zurückgekehrt bin. Denn Rückkehr bedeutet, zu dem zurückzukommen, was vorher einmal war. Zu jener früheren Zeit aber war ich mit der Verbreitung der Wissenschaft beschäftigt, die mir Ruhm brachte. Dafür setzte ich mich mit Wort und Tat ein. Das war mein Ziel und meine Absicht. Jetzt aber verbreite ich eine Wissenschaft, die sich vom Ruhm abkehrt und durch die man erkennt, wie sehr (im Vergleich dazu) der Stellenwert des Ruhms fällt. (...) Ich möchte besser werden und die anderen verbessern.“[29]

Was war geschehen? Die tiefe Krise, in der er sich befand und die ihm schließlich das Unterrichten verunmöglicht hatte, entstammte der radikalen Frage nach der Wahrheit, die er sich gestellt hatte und die existenziell geworden war: Wie können wir Gewissheit erlangen – das Erscheinen einer Wahrheit, die mit ihrem eigenen Beweis aufwartet? Sind wir zum Skeptizismus verdammt? Diese Krise und ihre Lösung werden in den „Bekenntnissen“ erzählt, die *Der Erretter aus dem Irrtum* darstellt. Wo findet man Gewissheit? Das ist die Frage, deren Untersuchung Ghazali zuerst begonnen hatte, indem er die Antworten untersuchte, die diejenigen lieferten, die sich als Anhänger des Wahren deklarierten.

Wie man es erwarten konnte, weist der Vertreter des sunnitischen Islam die Möglichkeit zurück, die gewisse Erkenntnis bei den *ta'limiten* zu finden, wörtlich bei „denen, die der Lehre eines Lehrmeisters folgen", der als unfehlbar angesehen wird, anders gesagt, bei den Schiiten. Wenn die Lehre so dargestellt wird, verweist sie offensichtlich die Frage nur auf die Notwendigkeit, sie einem Lehrer zu stellen. Als Theologe, aber auch als Philosoph, wendet sich Ghazali im Namen des persönlichen Urteils eines Menschen, der seine eigene Vernunft zu gebrauchen weiß, gegen eine solche Haltung. Da er selbst Theologe ist, weiß er genau, wo das Problem liegt, wenn er auf die Gruppe – das ist das erste Problem, das er untersucht – der Gelehrten der muslimischen Scholastik zu sprechen kommt. Da die Theologen beauftragt sind, mithilfe vernünftiger Argumentation eine bestehende dogmatische Tradition zu verteidigen, setzen sie eine Menge von Prämissen voraus, oder aber sie sind Meister in der Kunst der Eristik, der Kunst, die Argumentation ihrer Gegner zu zerstören. Bei ihnen wird man also nicht die Methode finden, die die Dinge bei der Wurzel packt, um festzustellen, was jenseits jeder Zweifelsfähigkeit gegründet ist.

Nun kommen die Philosophen dran, die sich eben auf ihre Radikalität berufen. Was sie sagen, ist nicht nur nutzlos und ungewiss, wie Ghazali sagt, wenn es um die Suche nach Gewissheit geht, sie sind auch gefährlich für die Wahrheit selbst. Sind Logik und Mathematik, die Teil der philosophischen Wissenschaften sind, gefährlich? Wenn sie den Eindruck liefern, dass die Wahrheit der Philosophie im Allgemeinen von derselben Art wie die formale Kraft ist, mit der ihre Beweise Zustimmung erhalten, dann laufen sie Gefahr, sagt Ghazali hier natürlich als Theologe, die religiösen Wahrheiten im Vergleich dazu in den Schatten zu stellen. Und umgekehrt erscheint derjenige, der gegen sie spricht und ihr Ungenügen anklagt, indem er glaubt, im Namen der Religion zu sprechen, als Dummkopf und riskiert das als Unwissen erscheinen zu lassen, was er mit so viel Eifer über die Wissenschaften zu stellen wünscht. Die Haltung, die vom Gesichtspunkt der Religion einzunehmen ist, besteht darin, nichts über die Wissenschaften zu sagen.

Doch es gibt die Physik und die Metaphysik, die Gott und die von ihm geschaffenen Gegenstände zum Gegenstand haben, von denen die Philosophie Wahres zu sagen beansprucht, selbst wenn diese Wahrheit nicht das wiederholt, was die Religion sagt. Hier liegen für Ghazali die Irrtümer und Häresien, deren systematische Auflistung das Buch über *Die Inkohärenz der Philosophen* erstellt. Zwanzig Thesen, erklärt er, haben die Philosophen – damit sind in erster Linie Aristoteles und seine muslimischen Anhänger Al-Farabi und Avicenna gemeint – aufgestellt. Für siebzehn von ihnen können die *falasifa* für tadelswerte Erneuerungen exkommuniziert werden, während die drei anderen ganz einfach häretisch sind: erstens die Behauptung, dass Körper nicht auferstehen würden und Belohnung und Strafe rein geistig seien; zweitens, dass Gott das Allgemeine kenne, aber seine Kenntnis nicht das Besondere beträfe; drittens schließlich die These der Ewigkeit der Welt, die sich gegen die These der Schöpfung aus dem Nichts wendet. Man wird sehen, welche Bedeutung diese philosophischen Thesen und die Erklärungen, die Averroes später davon gab, sowie seine Antwort auf die Anschuldigung der Häresie annehmen.

Kehren wir zum Paradox der radikalsten Verdammung der Philosophen zurück, insofern sie sie exkommuniziert und zugleich selbst ein Modell moderner Philosophie ist!

„Modern“ in dem Sinne, in dem Descartes als „Vater“ der modernen Philosophie angesehen wird. Diese Philosophie wird in der ersten Person geschrieben und spricht die Zentralität des Subjekts aus, das sich auf sich selbst zurückbezieht, um in sich den festen Grund der Gewissheit zu finden, auf dem das Bauwerk des Wissens errichtet wird. Man hat übrigens oft Ghazalis Methode, die in ihrer Suche nach Gewissheit an allem zweifelt, mit dem methodischen Skeptizismus des Autors der *Meditationen* verglichen. Wie später Descartes wendet der ascharitische Theologe im Hinblick auf die Quellen der Erkenntnis ein Sparsamkeitsprinzip an, dem zufolge gilt, dass wenn eine mich manchmal betrügt, ich aus Vorsicht annehmen muss, dass sie mich immer betrügt. Zuerst sind da die Sinne, deren Zeugnisse im Namen dieses Prinzips in Zweifel zu ziehen sind: Da ich aus Erfahrung weiß, dass sie mich die Dinge manchmal anders sehen lassen, als sie sind, muss ich so tun, als ob sie mich immer in die Irre führten. Danach kommt die Vernunft, mit ihren logischen und mathematischen Wahrheiten. Kann ich daran zweifeln, dass die geometrischen Figuren, diese Vernunftwesen, denen keine Unvollkommenheiten anhaften wie den sinnlichen Dingen, sicherlich die Eigenschaften haben, die ich ihnen zuschreibe? Kann ich daran zweifeln, dass zehn größer ist als drei? Kann ich zum Beispiel am Satz vom Widerspruch zweifeln, der besagt, dass eine Sache nicht sie selbst und ihr Gegenteil sein kann?

Bekanntlich stellte sich Descartes an diesem Punkt seiner Methode einen *genius malignus* vor, der sich darum bemüht, mich zu betrügen, damit ich an all diese Dinge glaube, die mir die Vernunft als absolut wahr darstellt. Bei Ghazali begegnet man etwas, das diesem Mechanismus, der die Vernunftwahrheiten aufhebt, entspricht, nur ist er weniger fantastisch. Bei ihm sprechen die Sinne gegen die Vernunft, wenn sie dem zweifelnden Subjekt sagen: Wende die Lehre, die du bei uns gelernt hast, peinlich genau an; wenn du durch die Vernunft weißt, dass der Mond unendlich größer ist, als er dir erscheint, hindert dich das nicht daran, ihn weiterhin in der Größe einer Orange zu sehen; wir lassen dich die Dinge so oder so sehen, und ohne das Vermögen der Vernunft hättest du keine Möglichkeit zu wissen, dass sie in Wirklichkeit anders sind. Wie kannst du folglich sicher sein, dass es nicht irgendein Vermögen gibt, das genau so gegen die Vernunft sprechen könnte, wie sie gegen uns gesprochen hat? So etwas wie ein übervernünftiges „Auge", das dich die Falschheit von „zehn ist größer als drei" sehen ließe, so wie das Auge der Vernunft dir erklärt, dass der Stock, den das Auge der Sinne dir im Wasser gebrochen zeigt, doch gerade ist?

Hier setzt nun die Ratlosigkeit ein. Bei Descartes entkommt man ihr durch die Vernunft, indem man bemerkt, dass die Bedingung dafür, dass der böse Geist mich falsche Dinge denken lässt, gerade die ist, dass ich denke; er täusche mich also, so viel er wolle … erklärt der überhebliche moderne Mensch, der Herr seiner selbst und der Natur ist. Bei Ghazali verlässt man die Ratlosigkeit als Mystiker, denn die wahrhafteste Ratlosigkeit ist eigentlich das Gebet. Jeder Mensch erfährt im Gebet, dass seine Ohnmacht vollständig, seine Armut absolut und seine Unwissenheit radikal ist und wird also ganz zum Anruf an die Macht, den Reichtum und das Wissen, der das einzige aufrichte Gebet ist, dem Gott, wie er es versprochen hat, antworten muss. Deshalb löst sich die Ratlosigkeit bei Ghazali von innen her auf, wenn Gott das Licht der Gewissheit dem Betenden ins Herz leuchtet. Jenes Vermögen X, dessen Möglichkeit die Sinne angedeutet hatten, dieses übervernünftige „Auge", das sie hypothetisch gesetzt hatten, erhält somit seine ganze Wirklichkeit.

Ghazalis Angriff auf die Philosophie hat also zwei Gestalten angenommen. Die erste, direkte, zeigt den ascharitischen Theologen, wie er urteilt, dass der Rationalismus zu weit geht, wenn er die Auferstehung der Körper oder die Tatsache leugnet, dass die göttliche Erkenntnis sich um alle besonderen Gegenstände kümmert, oder wenn er die Ewigkeit der Welt behauptet. Das entspricht der Reaktion Al-Ash'aris vor dem, was er als die rationalistische Hybris der Mutazila ansah. Ghazali steigert den Angriff bis zur Einschüchterung, wenn er von Häresie spricht. Die zweite Form besteht darin, die Vernunft auf ihr eigenes Unvermögen zu verweisen. Sie kann nicht ihre eigene Grundlage sein. Wenn sie auf sich selbst gestellt ist, führt sie zur Ratlosigkeit. Wir sind also dazu eingeladen, den philosophischen Vernünfteleien den Rücken zu kehren, um das „Herz" (ein anderer Namen des Vermögens X) den göttlichen Emanationen auszusetzen. Ghazali schließt seine Untersuchung damit ab, dass unter allen Kategorien der Wahrheitssucher nur die Sufis die Erfahrung der Gewissheit machen, das heißt eine Wahrheit kennen, die mit dem Beweis ihrer selbst einhergeht, eine unweigerlich und unmittelbar an ihrem *Geschmack* erkennbare Wahrheit.

Eines der Hauptziele der Attacken Ghazalis gegen die Philosophie ist natürlich Avicenna. Er unterstellt ihm die These, dass die Prophezeiung sich eigentlich auf die Weisheit reduziert, sodass der Freund der Weisheit sich die offenbarten Vorschriften letztlich ersparen könnte. Ghazali setzt dieser These den „Glauben an die Prophezeiung“ entgegen, der für ihn nicht nur aus der Gewissheit folgt, dass es ein Vermögen jenseits der Vernunft gibt, so wie diese jenseits der Sinne operiert, sondern auch und vor allem aus der Achtung der Persönlichkeit des Propheten selbst, und insbesondere seines Mitleids mit den Geschöpfen, das eine Erfahrung ausdrückt, die anderswo als in der Philosophie unserer Erkenntniskräfte angesiedelt ist. Sicherlich denkt Ghazali, wenn er das sagt, daran, dass der Koran nicht die Erkenntnisvermögen des Propheten, sondern seinen „hervorstechenden Charakter“ preist. Doch liegt der Unterschied zwischen Avicenna und Ghazali tatsächlich wesentlich darin, was sie über die menschlichen Vermögen und die Kenntnisse des Propheten sagen?

Nehmen wir Ghazalis Text *Die Nische der Lichter* her, der ein mystischer und philosophischer Kommentar eines Koranverses ist, der Gott mit dem Licht vergleicht: „Allah ist das Licht der Himmel und der Erde. Das Gleichnis Seines Lichts ist wie eine Nische, worin sich eine Lampe befindet. Die Lampe ist in einem Glas. Das Glas ist gleichsam ein glitzernder Stern – angezündet von einem gesegneten Baum, einem Ölbaum, der weder vom Osten noch vom Westen stammt, dessen Öl zu leuchten scheint, ohne dass das Feuer es berührt. Licht über Licht.“ (24:36)

In *Die Nische der Lichter* spricht Ghazali vom *miraj*, vom Aufstieg, der von Licht zu Licht, bis zum einzig wahren Licht führt, zum Licht Gottes. Er beginnt mit der Erstellung einer Hierarchie zwischen den dunklen Körpern, zwischen denen, die erhellt werden, und denen, die selbst Lichtquelle sind, wie eine Lampe, die Sonne oder eine Flamme. Das Auge, das die leuchtenden oder erhellten Gegenstände wahrnimmt, sagt er sodann, verdient mehr als die Körper, „Licht“ genannt zu werden. Und wenn man die Unvollkommenheiten des sinnlichen Auges in Betracht zieht, das irren kann, dann wird man zugeben, dass man weiter aufsteigen muss, um das Licht zu finden, bis zum Auge der Vernunft, die über die fünf Sinne eine regelrechte Königsherrschaft ausüben muss, aber auch über die Vorstellungskraft, den Verstand und das Gedächtnis. Dieses vernünftige Vermögen öffnet sich auf eine Welt, die als höhere bezeichnet wird, eine geistige und lichte Welt im Vergleich zur niederen, dunklen Welt des Sinnlichen. So wie diese Welt vom Licht der Sonne erhellt wird, so bezieht jene Welt ihr Licht von einer „Lampe, die erhellt“ und die der „heilige prophetische Geist“ ist.

Ghazali sagt, dass für dieses Vermögen die Beschreibung des Korans gilt: Sie macht aus ihm ein Öl, das „zu leuchten scheint, ohne dass das Feuer es berührt“, und das, wenn das geschieht, zu „Licht über Licht“ wird. Die höhere Welt, die der Aufstieg entdeckt, ist selbst eine Hierarchie von Lichtern, die den sukzessiven Widerschein der einzigen Quelle darstellen, so wie die Sonne ihr Licht dem Monde leiht, das selbst von einem Spiegel eingefangen wird, der es auf eine Wand projiziert, wie Ghazali sagt. Nur die erste Quelle existiert, denn Sein heißt Licht-Sein. Alles, was es nicht ist, erhält sein Sein von ihm und bringt es zum Erscheinen. Es gibt keine andere Wirklichkeit als seine Wirklichkeit, kein anderes Licht als *das* Licht. Es ist ewig und ewig ist auch seine Erscheinung.

Auf diese Weise erklärt Ghazali nicht nur die mystischen Worte, die ihr endliches und vergängliches Ego mit dem unendlichen Göttlichen gleichsetzen (die höheren Leute, sagt Ghazali, verstehen, dass das Bekenntnis „Es gibt keinen anderen Gott als Gott" bedeutet: „Es gibt keinen anderen als ihn" oder „nur er ist"), sondern auch ihre Umarbeitung durch die Philosophen, die er wegen dieser Aussage exkommuniziert, der These des Aristotelismus, dass die Welt mit ihrem Schöpfer gleichewig ist. Der Aufstieg erreicht seinen höchsten Punkt, wenn die Pluralität und also auch die Trennung des Geschaffenen von dem, was es sein lässt, verschwindet. Wer das erkennt, sagt Ghazali, erkennt ihn, und wer es verleugnet, ist einfach unwissend. Diese Behauptung ist keine Tautologie, sondern die Erklärung der Gewissheit, hinter der es nichts mehr zu suchen gibt (kein Vermögen Y hinter dem Vermögen X, in einer Aufstapelung, die kein Ende finden würde): die Gewissheit, die die Geschmackserkenntnis gewährt, in der die Sache so ist, wie man sie schmeckt, ohne dass es noch ein Jenseits zu erforschen gäbe; man kann jemandem, der nicht sieht, eine Farbe nicht erklären, oder, wie Ghazali mit einer gewissen pädagogischen Brutalität in seinem *Brief an einen Schüler* sagt, einem Impotenten nicht die geschlechtliche Lust erklären.

Nach diesem ersten Kapitel der Darlegung einer Kosmologie der Lichter widmet Ghazali das zweite Kapitel dem „Mikrokosmos", das heißt dem Menschen und seinen unterschiedlichen Seelen: der sinnlichen Seele, die die Informationen der Sinne erhält; der vorstellenden Seele, die Bilder, die die Sinne empfangen, festhält und sich an sie erinnert; der vernünftigen Seele, die die nichtsinnlichen Bedeutungen erfasst; der reflexiven Seele, die kombiniert, bewertet und schließt; und schließlich der heiligen und prophetischen Seele, die so genannt wird, weil sie bei Propheten und Heiligen, die durch sie die Lichter der höheren Welt erhalten, aktiv und lebendig ist. Die sinnliche Seele ist die „Nische", von der der

Lichtvers spricht, sagt Ghazali, die vorstellende ist das Glas, die Lampe stellt die vernünftige Seele dar, während der Ölbaum, dessen Öl ein lebhaftes Licht mit wenig Rauch gibt, die Reflexion symbolisiert; schließlich ist die prophetische Seele, die immer mit Begierde brennt, dieses Öl, das „zu leuchten scheint, ohne dass das Feuer es berührt".

Ist Ghazali also der Antiphilosoph, insbesondere der Anti-Avicenna? Man hat ihn erklären gesehen, in welcher Bedeutung man die Ewigkeit der Welt verstehen kann. Wir haben gesehen, wie er die menschliche Seele und ihre Vermögen „in der Allegorie der Lampe", nach Avicennas Ausdruck, erklärte, der in seinem *Buch der Richtlinien und Bemerkungen* dem Lichtvers des Korans eine philosophische Interpretation verliehen hatte. Ghazali ist, wie Averroes später sagte, weniger von den Philosophen und ihren Thesen entfernt, als er behauptet. Es stimmt jedoch, dass die Geschichte des islamischen Denkens ihn im Wesentlichen als die Gestalt in Erinnerung behält, der gegen die Vernunft der Philosophen wetterte, indem er sie im Bereich der „islamischen" Wissenschaften für nutzlos und gefährlich erklärte, und der andererseits die Theologie und die Rechtsprechung durch den Sufismus miteinander vereint hat, der von seinen Übertreibungen gereinigt wurde und der eine nüchternere Sprache in Bezug auf die Begegnung des Menschen mit dem Göttlichen spricht, als es bei den lärmenden Gleichsetzungen mit Gott der Fall war, die einigen Sufisten die Verurteilung wegen Häresie eingebracht hatte. Im Grunde erscheint er gegenüber dem Dünkel der Philosophen und der Mystiker als derjenige, dem ständig daran gelegen war, dass die Gemeinschaft in ihrem Ganzen in Übereinstimmung mit Lehren und Thesen lebt, die nichts beinhalten, was die Glaubensweise der Massen verunsichern könnte. Deshalb hat die sunnitische Orthodoxie, die vom *Iman* Ghazali spricht, ihn auch den *hujjat ul-islam* genannt, den „Beweis des Islam".

Was kann man heute mit dieser wichtigen Figur eines „Beweises des Islam" anstellen, der der Anhänger einer Sekte und einer Theologie war, die keine anderen Interpretationen duldete, und der das philosophische Denken zur Exkommunikation verurteilt hat? Der „Beweis des Islam" für die Massen – Ghazali erscheint heute jenen als Bremsklotz, denen daran gelegen ist, dass der Islam wieder an sein altes Bewegungsprinzip anknüpft, und die der Auffassung sind, dass seine geschichtliche Rolle im Niedergang der Philosophie in der sunnitischen Welt (bei der schiitischen Welt verhielt es sich anders) die einer Verknöcherung war. Das sagt zum Beispiel der indische fortschrittliche Denker Syed Ameer Ali (1849–1928) in jenem Buch, das seit seiner Veröffentlichung 1891 großen Einfluss ausübt, nämlich in *The Spirit of Islam*[30]. Einen Autor zitierend, der so weit geht zu behaupten, dass „ohne Al-Ash'ari und Ghazali die Araber [das heißt die Muslime] ein Volk von Galileos und Newtons gewesen wären", meditiert Ameer Ali über den Wunsch nach Konformität und also nach Unterdrückung von allem, was als Häresie angesehen wird, insbesondere von Rationalismus und Reformismus, und sagt über Ghazali, dass „dieser mystische Imam durch seinen Quietismus das Blut in den Adern der muslimischen Völker zum Stocken gebracht hat und ihre Energien für Fortschritt und Entwicklung eingeschränkt hat"[31].

Ist Ghazali die historische Gestalt der Ausschließung und des Quietismus? Man kann ihn nicht darauf reduzieren und er hat uns, die wir es für entscheidend halten, dass das Denken im Islam kritischen Geist und Pluralismus fördert, heute noch etwas zu sagen. Am Ende dieses Buches werden wir auf den Ghazali zurückkommen, der nicht ausschließend, sondern pluralistisch ist.

5. Eine Lektion in ökologischer Philosophie

Entstammt er dem Schoß einer Frau oder ist er die Frucht einer Urzeugung? Mit dieser Frage beginnt der philosophische Roman, der wahrscheinlich den Autor des *Robinson Crusoe* inspirierte und der auch einen Eigennamen zum Titel hat, den seiner Hauptfigur: *Hayy Ibn Yaqdhan*, was wörtlich „der Lebendige, Sohn des Erwachten" heißt. Der Verfasser des Romans ist der Philosoph Abu Bakr ibn Tufail, den die lateinischen Scholastiker einfach Abubacer nannten. Er wurde in der ersten Hälfte des 12. Jahrhunderts in der andalusischen Stadt Guadix geboren, um 1105, wie man annimmt. Er starb mit ungefähr achtzig Jahren 1185 in Marrakesch in Marokko. Da wenig über seine Biographie bekannt ist, kann man nur Hypothesen aufstellen und sagen, dass er in Sevilla und Córdoba studierte, die damals bedeutende Lehrzentren in Andalusien waren, dessen Hochblüte die Geschichte in die Zeit legt, als es, der Vernunft und dem Sufismus verschrieben, Pluralismus und Toleranz verkörperte.

Der Süden Spaniens war seit dem 8. Jahrhundert, als die arabische und maurische Besetzung sie zu einem Teil des umayyadischen Kalifats von Damaskus machte, unter dem Namen Andalusien muslimisch. Als dieses Kalifat zur Mitte des 8. Jahrhunderts im Massaker unterging und von dem Kalifat der Abbasiden abgelöst wurde, konnte ein überlebender umayyadischer Prinz in Andalusien Unterschlupf finden und richtete sich als „Emir" in Córdoba ein. Einer seiner Nachkommen schuf 929 das Kalifat von Córdoba, das ein Jahrhundert andauerte. Ein Jahrhundert großer, vor allem intellektueller Blüte, die Córdoba, dank des Wetteifers mit Bagdad, zu einer Hochburg der muslimischen und jüdischen Philosophie machte. Die Fragmentierung Andalusiens in kleine Königreiche nach 1031, als das Kalifat von Córdoba endete, begünstigte die Reconquista Spaniens, die bis zum Ende der muslimischen Präsenz 1492 kontinuierlichen Druck ausübte. Auf die christlichen Offensiven antworteten namentlich zwei große muslimische Gegenoffensiven, die für eine gewisse Zeit Andalusien wiedergewinnen konnten: die der almoravischen Berber, die 1062 Marrakesch gründeten, um Andalusien wiederzuvereinigen und die Reconquista zu stoppen; nach dem Niedergang der almoravidischen Dynastie kam die Offensive der almohadischen Berber, die ab der Mitte des 12. Jahrhunderts ein muslimisches Spanien wiederherstellten, nachdem sie den König Kastiliens 1195 bei Alarcos besiegten.

Das Leben Ibn Tufails spielt sich zwischen Almoraviden und Almohaden ab. Nachdem er in Grenada als Arzt gedient hatte, lässt er sich um 1154 in Marrakesch nieder, wo er Freund und persönlicher Arzt des almohadischen Sultans Abu Yaqub Yusuf wird. Diesem Herrscher, der alles von einem „Philosophen-König" hat, der die Gelehrten beschützt und ihr Freund ist, stellt er Averroes vor, der damals in seinen Dreißigern ist und dem er vor seinem Tod seine Verantwortung als persönlicher Arzt des Sultans anvertraut. Von den zahlreichen Werken vor allem der Medizin und Philosophie, von denen man weiß, dass Ibn Tufail ihr Verfasser ist, bleibt nur mehr der philosophische Roman *Hayy Ibn Yaqdhan*.

Ibn Tufails Werk steht ausdrücklich unter der Schirmherrschaft der avicennischen Philosophie. Zuerst weil Hayy Ibn Yaqdhan sowie andere Figuren, die im Roman auftauchen, wie Salaman und Absal, Avicennas Geschöpfe sind. Avicenna hat den Namen Hayy Ibn Yaqdhan einer allegorischen Figur gegeben, in der man eine Repräsentation der aktiven Intelligenz in menschlicher Gestalt sehen kann. Ibn Tufail beruft sich bereits im Vorwort auf den Philosophen, wenn er bemerkt, dass sein Werk jenen Zustand zu verstehen ermöglicht, in dem die Kenntnis in ihrer ganzen „Wonne" (der Geschmack, von dem Ghazali sprach) jenseits der spekulativen Vernunft und des Urteilsvermögens sich demjenigen eröffnet, dessen „inneres Wesen ein glänzender Spiegel geworden ist, der auf die Seite des wahren Wesens gerichtet ist"[32].

Ibn Tufail denkt sich also einen Roman aus, dessen Held, Hayy Ibn Yaqdhan, der ganz allein auf einer verlassenen Insel aufwächst, beweist, dass ein einsamer Mensch, der niemals die Gesellschaft seinesgleichen gekannt hat und der sich nur auf seine Vernunft stützen kann, in ihrem Grunde alles wiederzufinden vermag, was ein Mensch wissen und sein kann, bis hin zur höchsten Menschlichkeit. Er beweist, dass sogar der vollkommen auf sich gestellte Mensch am Ende seines Nachdenkens Gott begegnen kann, den er anbetungswürdig findet, und das heißt der Religion, die ihm die Wege lehrt, Gott zu verehren. Und in dieser Bewegung des Sich-Erhebens zum verborgenen Gott, der Antwort gibt auf alle Fragen, die Hayy Ibn Yaqdhan zu seiner Anwesenheit geführt haben, entdeckt er als seine Bedingung, dass er derjenige, der er ist, nur dadurch wirklich wird, wenn er mit der ganzen Erde und auch dem Himmel, das heißt den Sternen, die er als seine Brüder entdeckt, Frieden schließt. Das ist auch die Bedingung dafür, dass er nicht mehr das gespaltene Wesen ist, das er war, und dass er schließlich zu sich kommt, im Frieden mit dem, was er ist. Im Übrigen sei darauf hingewiesen, dass „Islam“ ebendies bedeutet: zu sich selbst zu kommen und Frieden mit Gott zu schließen, indem man Frieden mit sich schließt.

Hayy ist also aus der Erde geboren. Oder vielleicht nicht. Dieser Roman, der sehr modern anmutet und mit den Möglichkeiten spielt, weit bevor das Diderot in *Jacques der Fatalist* getan hat, sagt uns, dass Hayy wahrscheinlich der Sohn einer Prinzessin ist, die geheime Frucht ihrer unglücklichen Leidenschaft für einen Mann, den zu lieben ihr Stand und ihr Vater ihr untersagten. Und so wurde er also, wie ein neuer Moses, den Fluten anvertraut, die ihn zu dieser Insel brachten, auf der er lernt, zu sich selbst geboren zu werden, zur Menschlichkeit, die er ganz allein vollständig wiedererfindet.

Und dann doch wieder nicht! Es könnte viel eher sein, dass er direkt, unmittelbar ein Sohn der Erde ist. Dass eine Begegnung der Gärstoffe und der tellurischen Kräfte sowie geeignete Temperaturen, kurz, eine natürliche Verbindung günstiger Faktoren ihn zum Dasein gebracht hat, durch das, was die Alten Urzeugung nennen. Er wäre mithin ins Leben getreten, noch bevor das göttliche Licht sich auf seine Substanz übertragen und sein Person-Werden in Gang gesetzt hätte.

Doch sind die zwei Geburten, recht besehen, denn wirklich so unterschiedlich? Ob der Schoß, der ihn getragen hat, der einer Frau oder der der Erde gewesen ist – die Biochemie ist dieselbe, wenn es darum geht, *Lebendiges* herzustellen, und wenn es darum geht, ein *Menschenwesen* zu erschaffen, dann ist ein und derselbe göttliche Eingriff erforderlich. Im Grunde zeigt dieses Spiel mit den Möglichkeiten, die in dieser Weise vorgetragene

Gleichgültigkeit gegenüber dem realen Ursprung Folgendes: wirklich wichtig bei der Geburt des Lebendigen ist, dass Gott in die Seele die Fähigkeit und die Freiheit gelegt hat, das Menschliche hervorkommen zu lassen. Diese hinterlegte Fähigkeit ist die Vernunft. Handelt es sich also für die Vernunft darum, sich von der Erde zu lösen und den Menschen dadurch zu verwirklichen, dass sie den Menschen gegen die Erde wendet, sodass er sich zum „Herrn und Besitzer der Natur" aufschwingt? Die philosophische Erzählung *Hayy Ibn Yaqdhan* zeigt, wie der Held des Romans zu unterschiedlichen Zeiten seines Daseins unterschiedliche Antworten auf diese Frage gibt.

Zuallererst muss er sich, um zu überleben, an die Natur anschmiegen, sich an sie anpassen, mit ihr verschmelzen: sie imitieren. Das heißt zunächst, seine Mutter imitieren, die Gazelle, die ihn in seiner ersten Kindheit aufgezogen hat und die mit der Milch, die sie ihn hat nuckeln lassen, ihn die Liebe gelehrt hat; der Tod dieser ersten Amme wird ihn aus der ursprünglichen Unschuld reißen, indem er ihn das Erstaunen, das Unverständnis, den Schmerz und die Einsamkeit lehrt. Das Chaos an Empfindungen, in das ihn dieser Tod stürzt, führt ihn dazu, seine erste metaphysische Frage zu stellen: Wo ist nur das Prinzip hin, das seine Mutter belebte und dessen Abwesenheit bewirkt, dass sie ihm nicht mehr auf seine Rufe antworten kann, dass er sie bald wird begraben müssen? Diese Frage wird der Ariadnefaden sein, der seine Fähigkeit zum Nachdenken zu den logisch folgenden Begriffen der Menschlichkeit und der Göttlichkeit leiten wird.

Er beginnt also, seine Mutter und die anderen Tiere um ihn herum nachzuahmen. Als er seine Hand entdeckt und feststellt, dass sie ihn von allen, die ihn umgeben, unterscheidet, indem sie ihm die Macht verleiht, durch

Werkzeuge, die seine natürlichen Kräfte und Verteidigungsmöglichkeiten vervielfältigen, über sich hinauszugehen, wendet er die technischen Möglichkeiten, die ihm somit offenstehen, an, um die Erde besser zu bewohnen, das heißt, um ein Teil von ihr, eines ihrer Glieder zu sein, und nicht, um in ihr ein Reich – ein Reich in einem Reich – zu gründen. Seine Vernunft, die zur *libido sciendi*, zu unstillbarem Wissensdurst geworden ist, führt ihn dann dazu, sie mit Gewalt gegen seine Umwelt und die anderen Lebewesen, inmitten derer er lebt, anzuwenden, mit dem reinen Gewissen desjenigen, der überzeugt ist, dass die Dinge seinem Verlangen unterworfen sind und dass sie ebenso unerschöpflich, das heißt erneuerbar sind, wie dieses Verlangen selbst. Er möchte wissen, was diese Wesen belebt, was seine Mutter lebendig sein ließ und, sobald es einmal verschwunden war, tot sein ließ. Zuerst versucht er, das zu erfahren, indem er Kadaver auseinandernimmt. Nachdem er sein Unvermögen festgestellt hat, bei den Toten das lebendige Prinzip zu finden, versucht er, es im letzten Atemzug der Tiere zu überraschen, indem er ungeordnet Vivisektionen durchführt. Dieses Prinzip, das er erhaschen will, hat er zuerst nicht gelernt zu respektieren, da er gänzlich Opfer der Hybris war, die sich seiner bemächtigte, je mehr er seine Andersheit entdeckte. Und dieselbe Andersheit, derer er sich bewusst wird, wird ihn dazu führen, in ihm selbst zu suchen, sich endlich jener in ihm hinterlegten „Anlage“ zu stellen, die ihn immer bewegt hat, auch wenn er es nicht wusste. In dieser Weise findet er in seinem Herzen jenen Spiegel, der allein dazu in der Lage ist, Gott zu erfassen.

Wir übergehen nun die Art und Weise, wie diese Erleuchtung sich wiederholt, der er seine wahrhafte Geburt verdankt, viel mehr als der Prinzessin oder der Erde, die ihn gezeugt haben. Wir werden uns auch nicht mit der Begegnung an der äußersten Spitze der Überlegungen, die den Einsamen das ganze Erbe der Menschheit wiederfinden lassen, aufhalten, wo die Ontogenese schließlich die Phylogenese zusammenfasst, die Begegnung zwischen dem Rationalismus und dem Mystizismus, dessen unsagbare Erfahrung er macht. Wir werden vielmehr davon sprechen, wie der Jäger in ihm beseitigt wird, die erobernde und technizistische Hybris des Herrn und Besitzers der Natur: Als er sowohl in sich als auch an den Horizonten den letzten Grund der Dinge und Lebewesen, unter denen er wohnt, liest, versteht er, dass er der Welt und ihrem letzten Grund gegenüber unausweichliche Pflichten hat, deren Gesamtheit Religion genannt werden kann. Wenn die Welt, so sagt er sich, einen Grund jenseits dessen hat, was er sich vorstellen kann, dann obliegt ihm eine Pflicht der Menschlichkeit gegenüber allem, was in ihr existiert, und allem, was das Leben ermöglicht und unterhält. Er wird nur aus Bedürfnis töten und für seinen Unterhalt nichts Lebendiges antasten, bevor er sich nicht versichert hat, dass dieses Leben sich fortpflanzen kann. Neupflanzen, aufforsten, dem, was man der Natur entnimmt, die Möglichkeit geben, wiedergeboren zu werden, kurz, in heutigen Ausdrücken, gewährleisten, dass man durch sein Handeln eine nachhaltige Entwicklung der Dinge begünstigt, das ist die Denkart, die Hayy lernt, und das ist eine der wichtigsten Lehren seines Werdegangs für uns heute.

Sodann ist da die Art und Weise der Anbetung des Wesens, das er als letzten Grund aller Dinge verstanden hat und dem er verpflichtet war. Die Überlegung, an deren Ausgang der Lebendige auf die Form schließt, die diese Religion der Danksagung annehmen muss, ist zugleich richtig und schön. Habe ich allein, so fragt er sich, den Geschmack an diesem Wissen, das mich betört und dessen Gegenstand nichts gleicht? Als Aristoteliker, der den Himmel liest, in dem die Sterne, der Natur ihres Wesens gehorchend, sich ewig kreis- und gleichförmig bewegen, versteht er, dass es sich dabei um seine Brüder handelt, deren leitendes Prinzip, wie die Stoiker sagen, dasselbe wie das seine ist, die also denjenigen (Gott) kennen, der sich nur diesem Prinzip offenbart. Er entlehnt ihnen also die Kreisbewegung, um Gott zu kontemplieren und dem letzten Grund Dank zu sagen. Er erfindet somit das Ritual für sich, periodisch um einen Fixpunkt zu kreisen, der gerade durch dieses Ritual zum Zentrum der Welt wird.

Man findet in dieser Schöpfung, die aus dem Gebet des Einsamen hervorgeht – sodass dem Gebet eine kosmische Bedeutung zukommt –, ein Echo davon, was Avicenna in seiner *Abhandlung über die Natur des Gebets* geschrieben hatte, wo er darauf hinweist, dass „die Absicht des Gebets die ist, die Ähnlichkeit mit den göttlichen Substanzen zu suchen“[33]. Durch das Im-Kreis-Gehen erkennt der Mensch, der er geworden ist, in dem Moment, da er mit den Sternen im Einklang steht, das notwendige Wesen an: Der Lebendige, der zuerst von der Erde geboren wurde, ist nun also zum Kind der Sterne geworden.

Hayys Geschichte endet nicht in diesem Moment der Entdeckung des Selbst, Gottes, der Welt und des Friedens, den er mit allen Lebewesen schließt, um wahrhaft die Erde zu *bewohnen*, das heißt mit der Entdeckung der Pflicht der Menschlichkeit gegenüber der Natur. Diese Menschlichkeit, die er zuerst in sich selbst entdeckt, erscheint ihm bald in den Zügen eines anderen Menschen und sodann eines ganzen Volkes, als eines Tages Absal in sein Universum tritt. Der Roman stellt dar, wie Absal auf die Insel kommt und sich auf ihr niederlässt. Er hatte beschlossen, sich dort von der Welt zurückzuziehen, um das Leben eines Einsiedlers zu führen, welches für seine seit Langem andauernde Suche nach den wahren Bedeutungen der Symbole der Religion, in der seine Gesellschaft lebt, geeigneter ist. Enttäuscht von seinen Mitbürgern und davon, wie sie die Religion streng buchstäblich verstehen, wird er somit zur Begegnung mit einem anderen Einzelgänger geführt, der es aus Notwendigkeit ist.

Mit vielen romanhaften Ausschmückungen schildert Ibn Tufail diese Begegnung und die Zeit, die derjenige braucht, der sich für das Kind einer Gazelle hält, um im Neuankömmling ein anderes Selbst zu erkennen. Nachdem er Absal beobachtet hat, ohne von ihm gesehen zu werden, und bemerkt, in welchem Geisteszustand sich derjenige befindet, der sich auf „seine" Insel zurückgezogen hat, erkennt er an seinen Tränen, „dass er eines derjenigen Seinsweisen war, die den Wahrhaftigen kannten"[34]. Weinen ist dem Menschen vorbehalten. Nachdem sie sich endlich begegnet sind, führt die Vertrautheit, die sich bald zwischen den beiden Männern herstellt, sie dazu, zu verstehen, dass die positive, eingesetzte Religion mit ihren Geboten und Ritualen nur eine Gestaltung jenes Rufes ist, dem Hayy gefolgt war, der an ihn gerichtet worden war in der Liebe einer Gazelle und in ihrem Tod, in der Wärme und dem Licht des Feuers, im Gesang der Sterne und schließlich im Lebensodem, den sein Herz am Ende eines Weges zu empfangen gelernt hatte, auf dem ihn seine Intelligenz geleitet hatte.

Hayy hat niemals die Sprache der Menschen sprechen müssen. Absal lehrt sie ihn gleichzeitig mit der Religion seiner Gesellschaft, zu deren vollem Verständnis er durch den Kontakt mit dem reinen Glauben seines neuen Freundes gelangt. *Durch den Kontakt*, das heißt indem er sich in ihm spiegelt, und nicht durch Erklärungen. Er muss Hayy jedoch die Gesetze und Rituale erklären, die ein Prophet einst für die Menschen als Übersetzungen der Gebote Gottes eingerichtet hatte. Der Lebendige beginnt also zu entdecken, was ihm später, als er mit Absal eine Zeit inmitten seines Volks lebt, in voller Offensichtlichkeit erscheinen wird, nämlich das riesige Problem von Sein und Sprache, das Problem, dass die sinnlichen Wörter, wenn es darum geht, intelligible Wahrheiten anzuzeigen, diese zugleich übersetzen und verraten, sie beschützen und bewahren, aber auch in Gefahr bringen.

Die Wörter übersetzen und verraten die Wahrheit. Hayy erkennt in den Beschreibungen, die Absal ihm von den Lehren des Religionsgründers gibt, dass tatsächlich von der göttlichen Welt die Rede ist, die er selbst entdeckt hat. Doch warum geschieht dies in dieser Weise, fragt er erstaunt? Warum eine allegorische Sprache anstelle der „nackten Wahrheit"? Nur jemand, der niemals sprechen musste, kann eine solche Frage stellen, jemand, der die Erfahrung der Verbindung seines Innersten mit dem Licht der Wahrheit gemacht hat, ohne sie formulieren zu müssen. Was uns Sprachwesen angeht, so tritt diese Wahrheit nicht nackt zutage, sondern äußert sich in den Figuren unserer Vorstellungskraft, die unsere Wörter zum Ausdruck bringen, das heißt, die Wahrheit ist abhängig von der Kraft unserer Wörter, sie zu bezeichnen.

Die Wörter beschützen und bewahren die Wahrheit. Ghazali hatte das Glas im Licht-Vers als Vorstellungskraft gedeutet: Das Glas muss so sauber, so durchscheinend sein, dass man es nicht wahrnimmt und dass man glaubt, eher die Sache selbst als ihr bildhaftes Echo zu erreichen; aber es muss auch da sein, um das Licht vor dem Wind zu schützen. Das Wort schützt wie das Bild, das es darstellt, auch die Wahrheit und bewahrt sie, indem es ermöglicht, sie in Erinnerung zu rufen. Doch, noch einmal, dieses In-Erinnerung-Rufen kann notwendigerweise nur im Modus der Allegorie vollzogen werden, da das, was intelligibel ist, sich nicht „nackt" in dem darstellen kann, was sinnlich ist: Das Intelligible bedarf eines Schleiers, den man lüften kann, der es aber auch verdeckt. Hayy wird entdecken, dass darin eine Gefahr liegt, die einen Namen hat: Literalismus.

Im Roman wird diese Sichtweise, das heißt das Festhalten am Buchstaben und der Verzicht, wie Ibn Tufail sagt, „auf allegorische Interpretation, freie Überlegungen und Mutmaßungen"[35], von Salaman verkörpert. Und Salaman ist der Gebieter, derjenige, der die Fähigkeit hat, die Kraft in den Dienst eingesessener Überzeugungen zu stellen. Als Hayy versucht, den Gelehrtesten im Volk die Wahrheiten zu entdecken, die über den äußerlichen Sinn hinausgehen, an dem sie hängen, begreift er, dass die Geheimlehre eine Notwendigkeit ist, sobald die Menschen unterschiedlich sind und von unterschiedlichen „Geistern" beherrscht werden. Im Namen dieser Disziplin kehren der Lebendige und sein Freund Absal auf ihre Insel zurück, um die Wahrheit der letzten Fragen zu finden. Sie lassen dem Volk Salamans seine eingesessenen Wahrheiten, seine verkrampfte Treue und seine Religion, aus der das Leben gewichen ist.

6. Die Pflicht zu philosophieren

Der Koran drückt sich so aus: „Er ist es, Der das Buch zu dir herabgesandt hat; darin sind Verse von entscheidender Bedeutung – sie sind die Grundlage des Buches – und andere, die unterschiedlich gedeutet werden können. Die aber, in deren Herzen Verderbnis wohnt, suchen gerade jene heraus, die verschiedener Deutung fähig sind, im Trachten nach Zwiespalt und im Trachten nach Deutelei. *Doch keiner kennt ihre Deutung außer Allah.* Und diejenigen, die fest gegründet sind im Wissen, sprechen: ‚Wir glauben daran; das Ganze ist von unserem Herrn'" (3:8).

Oder der heilige Text hat sich anders ausgedrückt und man muss ihn in Wirklichkeit so lesen: *„Doch keiner kennt ihre Deutung außer Allah und diejenigen, die fest gegründet sind im Wissen.* Sie sprechen: ‚Wir glauben daran; das Ganze ist von unserem Herrn'".

Ob nur Gott die Deutung der Verse kennt, deren Bedeutung nicht klar festgelegt erscheint, oder ob auch diejenigen, die fest gegründet sind im Wissen, an diesem göttlichen Wissen teilhaben, ist natürlich ein gewaltiger Unterschied. Wie können diese zwei Lesarten also beide möglich sein?

Man muss wissen, dass die ersten Transkriptionen des Korantextes weder diakritische Zeichen noch Interpunktion enthielten. Diese Zeichen wurden in der Folge offensichtlich eingefügt, um Klarheit zu schaffen, doch ohne dass es immer möglich war, kategorisch zu entscheiden, wo ein Satz abzutrennen wäre und durch welches Zeichen. Das erklärt, warum an der angeführten Stelle – gemäß der Syntax – „diejenigen, die fest gegründet sind im Wissen“, sowohl die Zeugen einer Kenntnis meinen kann, die allein Gott gehört, sodass man die Weisheit aufbringen sollte, sie nicht entdecken zu wollen, als auch diejenigen, die – im Gegenteil – an der Ausarbeitung einer Deutung beteiligt sind, die zu verstehen allein ihnen zukommt. Welche Überlegung könnte es ermöglichen, hier für die eine oder andere Richtung zu entscheiden?

Man wird zuerst sagen, dass es sich um einen heiligen Text handelt und es daher kein Zufall ist, wenn je nach Interpunktion zwei Lesarten möglich sind: Das Buch selbst hat beide Bedeutungen zulassen wollen. Man wird somit – gemäß einer behutsamen quietistischen Überlegung – einerseits sagen, dass wenn Gott diesen oder jenen Aspekt seines Wortes in ein schützendes Geheimnis gehüllt hat, dann weil dadurch die Transzendenz dieses Wortes, das über alles hinausgeht, was die menschliche Intelligenz erfassen kann, hervorgehoben werden sollte. Andererseits wird man von dem Prinzip ausgehen, dass dieses Wort sich „in der Sprache der Kinder Adams“ ausdrückt. Welchen Sinn hätte es also, in die Botschaft, die sich an sie wendet, Zeichen einzufügen, die absolut niemand entziffern kann, die den Kindern Adams streng genommen nichts sagen? Diese Zeichen müssen also die Funktion von Tests haben, durch die diejenigen sich hervortun, die „fest gegründet sind im Wissen“. Das können nur die Philosophen sein, wie ausgerechnet ein Philosoph verkünden wird, nämlich der Andalusier Averroes, dessen Name heute geradezu zum Symbol des Rationalismus im Islam geworden ist.

Averroes wird im Jahr 1126 als Abul Walid Muhammad ibn Ahmad ibn Rushd in Córdoba geboren. Sein Familienname Ibn Rushd, der „Sohn der Rechtschaffenheit“ bedeutet, machte einige Wandlungen durch – Aben Roshd, Aberrosh, Ibn Rosdin –, bis er im mittelalterlichen Abendland schließlich zu Averroes wurde. Seine Abstammung von einer berühmten Juristenfamilie, in der vor allem sein Großvater hervorstach, dessen Vornamen er auch trägt, prädestiniert ihn zu einer Karriere als großer Richter. Er erhält also die beste juristische, aber auch eine medizinische und philosophische Ausbildung.

Seine Begegnung mit dem Philosophen Ibn Tufail hatte einen entscheidenden Einfluss auf seine Karriere und auf sein geistiges Leben. Averroes selbst erzählt die Umstände, unter denen sein Mentor, der Autor von *Hayy Ibn Yaqdhan*, ihm dem almohadischen Sultan Abu Ya'qub Yusuf (der zu dieser Zeit noch bloß der Gouverneur von Sevilla war) vorstellt. Seine Erzählung wird von einem Chronisten so wiedergegeben: „Als ich beim Fürsten der Gläubigen, Abu Ya'qub, eintrat, fand ich ihn mit Abu Bakr ibn Tufail und es war keine andere Person mit ihnen. Abu Bakr begann, mich zu loben, sprach von meiner Familie und meinen Vorfahren und wollte aus Gutmütigkeit Dinge hinzufügen, die ich bei Weitem nicht verdiente. Der Fürst der Gläubigen fragte mich zuerst nach meinem Namen, nach dem meines Vaters und meiner Familie und stellte mir sodann die Frage: ‚Welche Meinung haben die Philosophen über den Himmel? Halten sie ihn für ewig oder geschaffen?‘ Verwirrt und von Angst ergriffen wich ich der Frage aus und leugnete, mich mit Philosophie beschäftigt zu haben; denn ich wusste nicht, was Ibn Tufail ihm diesbezüglich gesagt hatte. Der Fürst der Gläubigen, der meinen Schrecken und meine Verwirrung bemerkt hatte, wandte sich zu Ibn Tufail und begann über die Frage zu sprechen, die er mir gestellt hatte; er erinnerte daran, was Platon, Aristoteles und alle Philosophen darüber gesagt hatten, und zitierte zugleich die Argumente, die die Muslime dagegen vorgebracht hatten. Ich bemerkte bei ihm eine ungeheure Bildung, die ich nicht einmal bei denen, die sich mit solcherlei Dingen beschäftigen und ihnen alle Muße widmen, vermutet hätte. Er tat alles, um mich zu beruhigen, sodass ich endlich zu sprechen begann, und er verstand, dass ich dieses Wissen besaß. Nachdem ich ihn verlassen hatte, erhielt ich auf seinen Befehl ein Geschenk aus Silber, einen pelzgefütterten Mantel und ein Reittier."[36]

Schrecken und große Verwirrung, als er über eines der Themen befragt wird, bezüglich deren die theologische Orthodoxie die Philosophen beschuldigt hatte, blind und bis zur Häresie eher den heidnischen Denkern Griechenlands zu folgen als dem Buchstaben des koranischen Kreationismus. Dann Erleichterung und Vertrauen, als er bemerkt, dass der „Fürst der Gläubigen" ein Philosophen-König ist und man also unter sich ist: Diese zwei Haltungen drücken bestens Averroes Position in Bezug auf die Verantwortung der Interpreten aus, das heißt derjenigen, die „fest verankert sind im Wissen", die Verantwortung einerseits, diejenigen von ihren Diskussionen fernzuhalten, die unterschiedlichen Geistes sind, und andererseits, die philosophische Wahrheit der religiösen Analogien und Allegorien auszusprechen.

In der Folge dieser ersten Begegnung zwischen ihm und dem almohadischen Herrscher, die Ibn Tufail eingefädelt hatte, tritt Averroes 1182 dessen Nachfolge an, als Ibn Tufail glaubte, das Alter erreicht zu haben, in dem man die Aufgabe des Arztes des Sultans abzugeben habe. Nach der Chronik hat Ibn Tufail aufgrund der vom „Fürsten der Gläubigen" ausgedrückten Beschwerde, in Aristoteles und den Übersetzungen seiner Werke zu viele Dunkelheiten zu finden, Averroes dazu ermuntert, den Zyklus seiner *Kommentare* der Bücher des Stagiriten zu beginnen. Somit wurde ihm in der Geschichte der Philosophie der Titel „der Kommentator" zuteil.

Zwei Jahre nach diesem ersten Eintritt Averroes in den innersten Kreis des Umfelds des Sultans – im Jahr 1184 – stirbt dieser bei einer Schlacht gegen die portugiesischen Armeen in Santarem. Sein Sohn, Abu Yusuf Ya'qub, genannt Al-Mansur der Siegreiche, folgt ihm nach. Al-Mansur ist kein Philosoph, sondern eher ein Theologe, der zwar den Arzt seines Vaters behält, eine ehrenwerte Position im Kreis derer, die ihm nahestehen, der mit ihm aber kaum denselben „Geist" teilt.

Zahlreiche Persönlichkeiten der damaligen intellektuellen Welt, die ebenso wenig von demselben Geist beseelt sind, klagen Averroes beim Sultan an, in seinen Schriften Ideen zu vertreten, die dem religiösen Gesetz widersprechen. In einem politischen Klima, in dem der Herrscher es für vorteilhaft hält, die Gegner derer zufriedenzustellen, „die sich mit Philosophie beschäftigen" und die in einem Dekret als solche erfasst werden, verbannt der Sultan Averroes schließlich nach Lucena, das etwa Hundert Kilometer von Córdoba entfernt liegt. Die Monate, in denen Averroes in Ungnade steht, werden seinen Feinden Gelegenheit bieten, sich an seiner Demütigung zu erfreuen. Es gibt insbesondere zahlreiche Verseschreiber, die in ihren sehr populären Epigrammen diejenigen, die Renan die „philosophische Partei" nannte, lächerlich machen, vor allem Averroes, weil er der „religiösen Partei" geopfert worden war. Als schließlich die Begnadigung durch den Sultan erfolgt und Averroes in Würde zurückkehrt, bleibt dem Kommentator nicht mehr viel Lebenszeit. Nachdem er seine eigenen Edikte gegen die Philosophie zurücknimmt, ruft Al-Mansur ihn zu sich nach Marrakesch, wo Averroes Ende des Jahres 1198 stirbt. Zuerst wird er in dieser marokkanischen Stadt begraben, bevor drei Monate später sein Leichnam in seine Heimatstadt Córdoba gebracht wird.

„Doch keiner kennt ihre Deutung außer Allah und diejenigen, die fest gegründet sind im Wissen." Diese sind keine anderen, deutet Averroes, als die Philosophen. Doch was bringt ihnen dieses außerordentliche Vorrecht ein, das Geheimnis Gottes zu teilen? Gibt es eine kühnere, angeberische Antwort auf die Verdammung der *falsafa*, die Ghazali ausgesprochen hatte, der im Andalusien der Almohaden in Ehren stand? Auf den Angriff gegen die Philosophie im Namen der Religion antwortet Averroes nämlich, dass sie in Wirklichkeit im Einklang stehen, und er schreibt eine Abhandlung, die er entscheidend nennt, deren Gegenstand eben der Beweis dieses Einklangs ist. *Die entscheidende Abhandlung und die Urteilsfällung über das Verhältnis von Gesetz und Philosophie*[37] ist nicht defensiv, im Gegenteil, Averroes erklärt darin ohne Umschweife, dass das Studium der Philosophie sogar eine gesetzliche Pflicht sei!

Der Jurist, der er auch ist – aus Familientradition und durch seine Ausbildung –, beginnt damit, an die großen Kategorien des islamischen Gesetzes zu erinnern, das die menschlichen Handlungen in diejenigen einteilt, die verboten sind, und diejenigen, die empfohlen werden. Dazu kommen noch die Handlungen, die zu vollziehen Pflicht ist, und diejenigen, die sträflich sind. Er erinnert sodann an zahlreiche Koranverse, unter anderem an diesen: „Haben sie denn nicht über das Königreich der Himmel und der Erde nachgedacht und über alle Dinge, die Allah geschaffen hat, und darüber, dass sich ihre Lebensfrist vielleicht schon dem Ende nähert?" (7:185) Und an diesen: „Wie wollen sie nicht die Wolken betrachten, wie sie erschaffen sind, und den Himmel, wie er erhöht ist, und die Berge, wie sie aufgerichtet sind, und die Erde, wie sie hingebreitet ist?" (88:17–20) Diesen Versen ist gemeinsam, dass sie jene Vorstellung betonen, die tatsächlich oft im Koran wiederkehrt, nämlich dass das Nachdenken darüber, was von Gott geschaffen worden ist, zur Erkenntnis des Urhebers aller Dinge führt. Diese Erkenntnis gehört natürlich zur Kategorie der Handlungen, die Pflicht sind. Averroes kann also folgenden, unbestreitbaren Syllogismus vorlegen:

Über das, was ist, nachzudenken, führt zur Erkenntnis des Schöpfers aller Dinge.

Die Erkenntnis des Schöpfers aller Dinge ist eine Pflicht.

Folglich ist das Nachdenken über das, was ist, eine Pflicht.

Diesem Syllogismus muss man eine Prämisse hinzufügen, die der Kommentator setzt: die Definition der Philosophie als Nachdenken darüber, was ist. Man gelangt damit zur außergewöhnlichen Behauptung Averroes', zum sichersten aller Gegenangriffe, nämlich dass das Studium der Philosophie letztlich eine religiöse Pflicht ist. Zumindest für diejenigen, die die Geistesanlagen besitzen, die sie verlangt. Diese Einschränkung muss aufgrund des Unterschieds eingeführt werden, der zwischen den Individuen und ihren Denkweisen besteht.

Von welcher Art sind diese Unterschiede? Aristoteles hatte erklärt, dass man drei Arten von Argumenten unterscheiden müsse, die zur Überzeugung führen. Einerseits gibt es rhetorische Argumente, bei denen es darum geht, zu überreden, indem man die Einbildungskraft überrascht und so die Zustimmung derer erhält, deren Geistesart sie dazu disponiert, sich durch dergleichen überzeugen zu lassen. Dann gibt es die Syllogismen, bei denen die Gültigkeit der Schlüsse sich demjenigen aufzwingt, der die Voraussetzungen anerkennt; doch diese Syllogismen bleiben dialektisch, weil ihre Prämissen, wenn sie auch allen einleuchten können, dennoch nur wahrscheinlich sind. Dadurch unterscheiden sie sich von den sicheren Prämissen, die in beweishaften Syllogismen ebenso sichere Schlüsse hervorbringen.

Erinnern wir daran, dass Ghazali dieselbe aristotelische Unterscheidung verwendete, um zu sagen, dass die dialektischen Vernunftüberlegungen der Theologen nicht vermochten, ihm den Geschmack der Gewissheit zu geben, den er suchte. Den rhetorischen, dialektischen und beweishaften Argumenten entsprechen „Geister", die dazu neigen, ihnen zuzustimmen. Averroes behauptet, dass die Philosophen durch ihren beweisenden Geist die Gelehrten sind, die „fest gegründet sind im Wissen", diejenigen, die Gottes Wort deuten können und sollen. Sie haben die Pflicht, eine beweishafte Erkenntnis des Seins und des Seienden zu erlangen und folglich zuerst zu verstehen, was der Beweis ist, vollständig das Werkzeug, das *Organon* der philosophischen Wissenschaften zu beherrschen, das die aristotelische Logik ist.

Die Literalisten, die sich zu den Hütern einer Orthodoxie erklären, die sie selbst erschaffen haben, brauchen nicht aufschreien, dass man damit die muslimischen Gelehrten in die Schule nichtmuslimischer Lehrer schicke! Averroes hält dem entgegen, dass die religiöse Wissenschaft par excellence, die Disziplin, die die Hüter der Orthodoxie für die Königin der Wissenschaften halten, nämlich die Rechtswissenschaft, selbst nichts anderes ist als die Kunst, juristische Syllogismen hervorzubringen, das heißt aus dem Gegebenen des heiligen Textes oder der als maßgeblich akzeptierten Tradition die rechtlichen Konsequenzen zu ermitteln. Und mit der rationalistischen Gewissheit, die charakteristisch für ihn ist, schreibt er, dass wenn es für die Juristen notwendig ist, die Kenntnis der juristischen Logik zu erwerben, für jene, die Gott und seine Schöpfung erkennen wollen, die Pflicht umso brennender ist, die Natur der demonstrativen Argumentation zu kennen.

Aber noch einmal, die Logik ist nur ein Werkzeug, ihr Studium nur eine Propädeutik, um zur eigentlichen, philosophischen Erkenntnis zu gelangen. Wird man wie Ghazali sagen, dass ihr Studium gefährlich ist? Nein, nicht mehr, als ein Heilmittel es sein könnte, wenn man es falsch anwendet. Nur zufällig, aber nicht wesentlich kann es Gefahren bergen. Doch vor allem, und das macht den Kern von Averroes' rationalistischer Lehre aus, steht es nicht an, die Offenbarung vor der philosophischen Vernunft zu bewahren, denn die Wahrheit kann nicht mit sich selbst in Konflikt geraten, die demonstrative Wahrheit kann nicht gegen die der Heiligen Schrift sprechen. Man kann für diese Behauptungen des andalusischen Philosophen und auch für den Traumdialog zwischen dem Kalifen Al-Ma'mun und Aristoteles eine Rechtfertigung in der islamischen Tradition finden, die sagt, dass das Erste, was geschaffen wurde, die Vernunft war. Sicherlich musste die Fähigkeit, die Wahrheit zu vernehmen, vorhanden sein, damit sie sich selbst in der Offenbarung darstellen konnte.

In jedem Fall meint Averroes gemeinsam mit denjenigen, die Angst vor der Philosophie haben, dass es nicht gut sei, dass der Geist der Demonstration in seiner Sprache zu den „Massen“ zu sprechen beginnt. Das würde sie nur durcheinander bringen und Verwirrung und Spaltung ins Innere ihres Denkens bringen. Und Unglück über jenen, der den Skandal der Selbstspaltung herbeiführt! Der Grund für die Geheimlehre ist gerade, zu verhindern, dass das passiert. Averroes erinnert gern an die Vorschrift Alis, des vierten Kalifen des Islam: Sprich mit den Leuten in der Sprache, die sie verstehen, um zu verhindern, Gott und seine Propheten Lügen zu strafen. Diese Geheimlehre wird vom Verfasser der *Entscheidenden Abhandlung* bis an den Punkt getrieben, eine gewisse Zensur zu verlangen, die von den Regierenden über die Zirkulation der Ideen und Bücher ausgeübt werden solle! Es geht um dasselbe, worum Ghazali immer bemüht war, nämlich darum, den Konsens zu bewahren, der die Gemeinschaft zusammenhält, indem man sicherstellt, dass die philosophischen Argumente nicht in die Hände derer fallen, die nicht den Geist der Demonstration besitzen.

Doch, abermals gefragt, worin besteht dieses außergewöhnliche Privileg, das sich diejenigen zusprechen, die in der Wissenschaft verankert sind? Sollte das offenbarte Wort eigentlich eine philosophische Abhandlung sein, zu deren vollem Verständnis nur die Philosophen den Schlüssel hätten? Wäre der Gott Abrahams, Isaaks und Jakobs in Wirklichkeit der Gott der Philosophen? Die Antwort auf diese Fragen lautet, dass es im Hinblick auf die Wahrheit der Offenbarung kein Privileg der Demonstration gegenüber den anderen Arten, mit denen das Wort Gottes sich dem menschlichen Verständnis darbietet, gibt. Was die Besonderheit der göttlichen Schrift und ihren unnachahmlichen Charakter ausmacht, ist, dass sie zu jedem Geist in seiner Sprache spricht, dass sie also für alle alles ist. Sie legt die intelligiblen Wahrheiten direkt, aber auch in Bildern dar, sie ist Demonstration ebenso wie sie Dialektik und Rhetorik ist.

Woher weiß man, wann man interpretieren und wann man die Dinge buchstäblich verstehen muss? Das ergibt sich aus dem Prinzip, dass die Wahrheit der Wahrheit nicht widerspricht. Wenn die offenbarte Wahrheit deutlich mit der Vernunft übereinstimmt, dann ist die Interpretation nicht notwendig. Doch wenn zwischen den beiden ein offenbarer Widerspruch auftaucht, dann ist das ein Zeichen dafür, dass man eine allegorische Interpretation braucht, um das Gesagte auf seine wahre Bedeutung zurückzuführen.

Natürlich ist dieser Fall des offenbaren Widerspruchs ein Grenzfall. Viel zahlreicher sind die Fälle, in denen eine buchstäbliche Bedeutung kein Problem für die Vernunft darstellt, aber dennoch eine Interpretation zulässt, die sie in ein neues Licht stellt, um eine ganz andere Wahrheit zu bezeichnen. Deshalb kommt Averroes am Schluss eines anderen der Werke, die er der Darlegung der Übereinstimmung von Religion und Philosophie gewidmet hat, auf diese Frage zurück. Dieses Werk ist die *Darlegung der Beweismethoden in der Religion*[38], an dessen Ende er den „Interpretationskanon" untersucht. Die Fragen, die er dort aufwirft, sind eben die Fragen danach, was interpretiert werden muss und was nicht – und wer interpretieren darf. Denn das Zeichen dafür, dass man interpretieren muss, ist nicht so einfach wahrzunehmen wie im Fall des offensichtlichen Widerspruchs zwischen Text und Vernunft, weshalb der Geist der Demonstration Averroes zufolge nur dann durch philosophische *Bildung* erworben werden kann, wenn er schon in der *Natur* des Individuums vorhanden ist.

Da es denen, die in der Wissenschaft verankert sind, obliegt, durch Interpretation das, was der Text sagt, mit dem zu versöhnen, was die Vernunft verlangt, selbst dort, wo demjenigen, der nicht dieselbe Geistesanlage besitzt, kein Widerspruch erscheint, versteht man – sagt Averroes –, dass Ghazali behaupten konnte, dass die Philosophen gegen das anreden, was die Religion über die Erschaffung der Welt, über die Erkenntnis der besonderen Dinge durch Gott oder über die Auferstehung der Körper sagt. Für ihn geht es im Grunde einfach darum, dass der Theologe sich an alle im Namen aller wenden wollte, ohne sich darum zu kümmern, den Philosophen das Interpretationsrecht zuzuerkennen, das Recht, den Text in einer Weise zu erfassen, die ihn, ohne ihm zu widersprechen, nicht wörtlich wiederholt. Wenn Averroes sich die Zeit genommen hat, die *Inkohärenz der Inkohärenz* zu schreiben, eine Punkt-für-Punkt-Widerlegung der Angriffe Ghazalis, der versuchte, die „Inkohärenz der Philosophen" zu beweisen, erklärt er damit letztlich auch, dass man die Verurteilungen und Exkommunikationen des Theologen aus Bagdad nicht allzu ernst nehmen sollte: Ghazali versteht völlig, was die Philosophen sagen, weil er einer von ihnen ist, der einfach die Mission übernommen hat, die Gemeinschaft vor der Verwirrung zu bewahren, in die die Verbreitung ihrer Interpretationen sie stürzen könnte.

Was steckt zum Beispiel hinter der Diskussion der Kenntnis der besonderen Dinge durch Gott? Nichts mehr, sagt Averroes, als die Unterscheidung zwischen der Art und Weise, wie Gott erkennt, und dem, was wir verstehen, das heißt der Erkenntnis als Ergebnis der erkannten Sache und der Veränderungen, denen sie unterliegt. Die ewige Erkenntnis Gottes verändert sich im Gegensatz dazu nicht, sie ist die *Ursache* der erkannten Sache. Sie geht also nicht in die göttliche Erkenntnis ein, sie ergibt sich aus ihr.

Muss man auch um jeden Preis die Erschaffung der Welt als Erscheinen der Schöpfung *ex nihilo* verstehen, nachdem der Schöpfer bis dahin ohne sie gewesen war? Genügt es nicht anzunehmen, dass die Unterscheidung zwischen Schöpfer und Geschöpf die ist, die zwischen dem existiert, was in sich und Ursache seiner selbst ist, und dem, was sein Sein von etwas anderem als ihm selbst erhält und in seinem Dasein erhalten wird? Zu sagen, die Welt sei geschaffen, heißt, zu sagen, dass sie ihr Dasein von Gott hat, den sie offenbart. Was schließlich von Ghazali als dritte schlimme Häresie der Philosophen dargestellt wird, ist weniger die Leugnung der Wiederauferstehung der Körper als die Behauptung, dass die Freuden und Leiden im Jenseits, so wie sie im Koran beschrieben werden, nur Allegorien der geistigen Belohnungen und Strafen sind, die die Seelen erfahren.

Werden gleicherweise in der Wissenschaft verwurzelte Geister notwendigerweise dieselbe Interpretation eines Textes liefern? Klarerweise nicht. Und da liegt eben das wesentliche Problem der Interpretation. Das Recht auf Interpretation öffnet auch Tür und Tor zum Pluralismus. Doch der Pluralismus ist, sagt Averroes, nicht an sich schlecht und man kann tatsächlich an ein Wort des Propheten denken, das die Unterschiede zwischen den Gelehrten gutheißt. Das Problem taucht auf, wenn die vielfältigen Interpretationen zu Streitparteien werden. Wenn Gruppen sich der Ideen bemächtigen und sie als wahr und ausschließlich wahr anderen aufzwingen wollen. Man könnte fragen, ob nicht eben das Festhalten am bloßen Buchstaben die Vielfalt vermeidet, die die

Interpretation zwangsläufig einführt. Darauf kann man antworten, dass die buchstäblichste Bedeutung noch immer eine Interpretation ist. Es gibt im Grunde keinen Nullpunkt der Interpretation. Und in der endlosen Suche nach Sinn, der immer ein Horizont bleibt, ist die buchstäbliche Bedeutung auch nur eine Interpretation in der Vielfalt der Interpretationen.

1997 widmete der ägyptische Filmemacher Youssef Chahine Averroes einen Film: *Das Schicksal.* Der Film beginnt mit den eindrücklichen Bildern eines Mannes, der im Süden Frankreichs unter den entsetzten Blicken seiner Frau und seines Sohnes zum Scheiterhaufen geführt wird. Sein Verbrechen? Er wurde zum Häretiker erklärt, weil er die Bücher Averroes aus dem Arabischen übersetzt hatte. Seine letzten Schreie gelten seinem Sohn Joseph, dem er seine Mutter und wahrscheinlich auch sein Werk anvertraut, denn Joseph unternimmt nun eine Reise nach Spanien, um in Córdoba den Kommentator zu finden, für dessen Liebe sein Vater mitsamt seinen verbrecherischen Manuskripten verbrannt wurde. Der Film endet auch mit Bildern von einem Scheiterhaufen, vor seinen hohen und knisternden Flammen, in denen alle Bücher Averroes' verbrennen. Sein Aufbruch ins Exil in Lucena findet vor diesem Hintergrund statt. Der Sultan Al-Mansur hatte dieses Autodafé der Werke des Philosophen beschlossen, um der „religiösen Partei" seinen guten Willen zu zeigen.

Man sollte eher sagen der fanatischen Partei, denn diejenigen, die der Filmemacher als Feinde des Kommentators schildert, die sich der Religion bedienen, um an die Macht zu gelangen, verfügen über alle Kennzeichen fanatischer und manipulierter Extremisten, Anhänger des Schreckens, die das Leben verachten. Dieser sehr

„hollywoodhafte" Film mit seinen andalusischen Gesängen und Tänzen zeigt jedoch, wie Averroes, seine engste Familie sowie die erweiterte Familie seiner Freunde und Schüler die Macht der Erkenntnis darstellen, die auch die Kraft und die Freude ist, in Liebe und Toleranz zu leben. Das Autodafé wird nicht das letzte Wort behalten, denn am Ende triumphiert das Leben über den Tod, als der Philosoph erfährt, dass einer seiner Schüler, der Sohn des Sultans selbst, es geschafft hat, Kopien seines Werks an einen sicheren Ort zu bringen, nach Ägypten. Er wirft nun selbst über seine Schulter und ohne sich umzudrehen eines seiner Bücher ins Feuer, während auf der Leinwand mit dem Wort „Ende" die Moral der Geschichte eingeblendet wird: *Das Denken hat Flügel, niemand kann seinen Flug aufhalten.*

Dieser Film über einen Philosophen aus dem Córdoba des 12. Jahrhunderts ist sicherlich ein Werk über unsere Zeit, eine entsetzte Anklage des religiösen Fundamentalismus und seiner Verbrechen gegen das Leben und Denken und zugleich eine Botschaft des Optimismus: Ibn Rushd/Averroes muss wiederkehren, Toleranz und Vernunft müssen lauter als der Lärm und Wahn des Fanatismus sprechen.

Die Philosophie ist mit dem Tod des Kommentators natürlich nicht aus der islamischen Welt verschwunden. Insbesondere das schiitische Universum hat weiterhin die „orientalische Weisheit" erforscht, die Avicenna am Ende seines Lebens auszudrücken versuchte. *Das Buch der orientalischen Weisheit* ist gerade der Titel, den der Philosoph Suhrawardi seinem Werk gegeben hat. Er starb in Aleppo 1191, sieben Jahre vor Averroes als ein weiteres Opfer der Intoleranz: Er wurde im Alter von sechsunddreißig Jahren unter unklaren Umständen auf Geheiß Saladins und unter der Anklage der Verderbnis der Religion hingerichtet. *Das Buch der orientalischen Weisheit* verbindet Platonismus, Elemente des Zoroastrismus und den Islam, um eine Metaphysik zu bilden, bei der alles aus dem Licht stammt: aus Gott, dem Licht der Lichter, stammt die Abfolge der Lichter bis zu den Seelen, die die Himmel regieren, und den Körpern der irdischen Welt, die der Zeugung und der Verderbnis unterliegen. Die Rückkehr zu Gott bedeutet, das westliche Exil zu verlassen, um sich zu *orientieren*, das heißt sich diesem „Orient" zu stellen, aus dem die Erleuchtung kommt.

Suhrawardis Werk prägte das philosophische Denken, vor allem in der iranischen Welt. Im 13. Jahrhundert verfasste Qotboddin Shirāzi einen Kommentar dazu, der selbst wiederum im 17. Jahrhundert von Molla Sadra interpretiert wurde, der eine schiitische Ontologie begründete, wie Christian Jambet uns erklärt.[39] Allgemein zeichnete sich das iranische theosophische Universum durch eine Kontinuität des philosophischen Denkens aus, die mit der Imamologie verbunden war (das heißt mit dem Nachdenken über die kosmische Bedeutung der Abfolge der Imame), die kaum in der sunnitischen Welt existierte. Averroes' Tod kündigte tatsächlich das Ende einer Epoche an und vielleicht den Triumph derer, die die *falsafa* als eine der islamischen Religion fremde Wissenschaft angriffen.

Chahines Botschaft ist also letztlich diese: Man muss dem Islam dringend das Gesicht der Vernunft zurückgeben, das heißt des Pluralismus, der Toleranz und der niemals befriedigten Suche nach dem Wissen, wo auch immer sich ein „Wort der Weisheit" findet. Der Film *Das Schicksal* stellt Averroes' Gestalt als dieses Gesicht dar. Er erinnert an das Bedürfnis, heute so wie derjenige zu philosophieren, der besser als jeder andere den Geist dessen ausgedrückt hatte, was das muslimische Andalusien war.

7. Das Bedürfnis nach Philosophie

Am 29. März 1883 hält Ernest Renan an der Sorbonne einen Vortrag mit dem Titel „Der Islamismus und die Wissenschaft", der schon am nächsten Tag im *Journal des débats* erscheint. Es geht für ihn darum, die Frage des Islam zu behandeln, so wie sie sich damals stellte, in Begriffen, die ungemein dem ähneln, was man heute hören kann, vor allem von jenen, die denken, in den Ereignissen unserer Zeit das Zeichen lesen zu können, dass ein kosmischer Konflikt zwischen unversöhnlichen Kulturen unweigerlich unsere Gegenwart und unser Horizont geworden ist (ein Konflikt, den manche nicht zögern, als dritten oder vierten „Weltkrieg" zu bezeichnen, je nachdem, welche Stellung man dem „kalten Krieg" einräumt). Renan geht von der Feststellung der „gegenwärtigen Inferiorität der (...) vom Islam beherrschten Staaten" aus, die ihm zufolge Ergebnis der „Geistes-Beschränktheit eines wahrhaft Gläubigen" ist, Ergebnis „jener Art Eisenrings, der seinen Kopf umgibt und ihn der Wissenschaft geradezu verschließt, ihn unfähig macht, irgendetwas zu lernen, irgendeine neue Idee in sich aufzunehmen"[40]. Er sieht die „Rassen, die einzig und allein jener Religion ihre Kultur und ihre Erziehung verdanken", zum Fanatismus verdammt, der sie glücklich sein lässt „über ein Vorrecht, das gerade [ihre] Inferiorität ausmacht"[41].

Er geht sodann auf das Urteil jener ein, die im goldenen Zeitalter der muslimischen Zivilisation das Versprechen dafür sehen, dass dem Islam eine andere Zukunft, ein Erblühen bevorstehe. Es sei trügerisch, sagt er: „Ja, ungefähr vom Jahr 775 an bis zur Mitte des 13. Jahrhunderts, das heißt während ungefähr fünfhundert Jahren gab es in den muslimischen Ländern hervorragende Gelehrte und Denker. Man kann sogar sagen, dass während dieser Zeit die muslimische Welt in geistiger Kultur der christlichen Welt überlegen war."[42] Doch man muss wissen, hämmert Renan ein, dass das nicht dank des Islam, sondern *trotz* dieser Religion und *gegen* sie geschehen ist.

Seine Beweisführung gründet auf einer völlig zirkulären Überlegung, die darin besteht, das, was er „Islamismus" nennt, mit dem Arabertum gleichzusetzen und alle Aspekte des Fortschritts und der Offenheit vom nichtarabischen und daher nicht wirklich „islamischen" Element der muslimischen Welt abhängen zu lassen. Für den rassisch denkenden Renan, der an geistige Anlagen glaubt, die von der Ethnizität bestimmt werden, war die Entwicklung, die diese Welt gekannt hat, wesentlich griechisch und wurde zuerst von den nestorianischen Christen und danach von der iranischen (arischen, wie man weiß) Welt getragen; die abbasidischen Kalifen, die wie Al-Ma'mun für Offenheit waren, seien „kaum muslimisch" gewesen und die Bewegung des für „neue Ideen" offenen Denkens sei immer in umgekehrtem Verhältnis zur Vorherrschaft der Religion gestanden, die ihr Ziel erreicht habe, als das Kalifat osmanisch wurde und der „türkischen Rasse" zufiel (die doch, wie man anmerken könnte, nicht arabisch war). In diesem Moment, schließt Renan, „hat der Islam die Wissenschaft und die Philosophie in seiner Mitte getötet"[43].

Mit einer regelrechten Hymne an die Wissenschaft, die die Vernunft selbst ist, schließt der französische Philosoph die „Beweisführung“ ab, dass der Islam in seinem Wesen Misologie sei. Nach der Veröffentlichung im *Journal des débats* lässt Renan dort in der Ausgabe vom 19. Mai 1883 das erscheinen, was er im Buch, das seine Reden und Vorträge versammelt, einen „Appendix zum vorhergehenden Vortrag“ nennt, den er folgendermaßen einführt: „Da ein afghanischer Scheich, der äußerst intelligent und in Paris auf Durchreise war, in der Nummer vom 18. Mai 1883 des *Journal des débats* Bemerkungen über den vorhergehenden Vortrag gemacht hat, antwortete ich darauf am nächsten Tag in derselben Zeitung folgendermaßen.“[44] In diesem Appendix erfahren wir auch, dass die Begegnung mit diesem Mann in Paris die Ursache der Entscheidung war, öffentlich über Islam und Wissenschaft zu sprechen. Wer ist also dieser „afghanische Scheich“, der zuerst Renan auf die Idee brachte, einen Vortrag zu halten, und dessen Beobachtungen ihn dazu führten, einen Appendix zu seinem Text zu schreiben?

Dieser Scheich ist Dschamal ad-Din Asadabadi, der vor allem unter dem Namen „Al-Afghani“ oder einfach „Afghani“ bekannt ist. Im Prinzip bedeutet sein Name, dass Dschamal ad-Din Afghane ist und in Asadabad geboren wurde, einem Dorf in der Nähe von Kabul. Es sei denn, es handelt sich um ein anderes Dorf, das auch Asadabad heißt und im Iran liegt, bei Hamadan. Doch wenn er Afghani heißt, anders gesagt „der Afghane“, sollten eigentlich keinerlei Zweifel bestehen ... Das wäre auch der Fall, wenn er sich nicht bei anderen Gelegenheiten nicht als „Afghani“, sondern als „Istanbuli“ oder auch „Tussi“ oder „Rumi“ bezeichnet hätte. Wenn man sich fragt, wer dieser afghanische Scheich ist, von dem Renan spricht, verliert man sich in den unterschiedlichen Identitäten, die er sich sein ganzes Leben lang erfand. Ist er also Afghane und Sunnit, wie er selbst oft erklärt hat? Oder Perser und Sunnit? Oder Perser und Schiit? Genauen Untersuchungen der Quellen und Berichte zufolge ist er am wahrscheinlichsten im Oktober oder November 1838 geboren und in den ersten Jahren im Iran in einer schiitischen Sayyid-Familie (anders gesagt, in einer „adeligen" Familie, die vom Propheten abstammt) aufgewachsen. Nikki Keddie, die eine extrem detailreiche Biographie Afghanis verfasst hat, weist darauf hin, dass er eine hervorragende Ausbildung in den traditionellen islamischen Disziplinen genoss und tiefreichende Kenntnisse der muslimischen Philosophen sowie der Sufis besaß. Vor allem der Einfluss der islamischen Philosophie, die im Unterschied zur sunnitischen Welt im Iran allgemein unterrichtet wurde, ist insbesondere in seinen letzten Schriften zu spüren.

Wenn er Iraner und Schiit ist, warum gab er sich dann als Sunnit aus? Man kann eine Tradition der Verschleierung anführen, die die schiitischen Minderheiten aus Sicherheitsgründen entwickeln mussten, die innerhalb der sunnitischen Mehrheit lebten, die sich nicht immer tolerant ihnen gegenüber zeigte. Und im bewegten Leben als politischer Agitator hat Afghani oft seine Identität verschleiern müssen, sodass man bei ihm nie sicher sein kann, die letzte Maske gelüftet zu haben. Hinter all den Identitäten, die er annahm, blieb er seiner Mission jedoch immer treu, die ihn zum Vater des Reformismus – insbesondere des philosophischen Reformismus – im Islam machte. Diese Mission ist ihm, wie seine Schriften zeigen, von der Lage der islamischen Welt aufgetragen: Mehrheitlich unter dem Joch von Ländern wie England, Holland, Frankreich, Russland entdeckten die muslimischen Länder in ihrer Stellung als beherrschte Nationen den Grund des Niedergangs, in dem sie bereits seit langem steckten. Es ist also Zeit, die Koranverse zu hören, die den Umständen gelten, in denen sie leben: „Gewiss, Allah ändert die Lage eines Volkes nicht, ehe sie nicht selbst das ändern, was in ihren Herzen ist." (13:11) „Dies, weil Allah niemals eine Gnade ändern würde, die Er einem Volke gewährt hat, es sei denn, dass es seinen eignen Seelenzustand ändere." (8:53)

Folglich meinte Afghani, dass seine Aufgabe darin bestehe, das zu verändern, was der muslimischen Welt zugestoßen war, um die „Gnade" wiederherzustellen, der sie in der Vergangenheit Ausdruck verliehen hatte, indem sie ihre Einheit herstellte, die es ihr ermöglichte, den imperialistischen Mächten zu widerstehen und vor allem, indem in ihr die Kräfte der Vernunft und der Moderne gestärkt werden. Eine *conditio sine qua non* der Erfüllung dieser Mission ist natürlich, gehört zu werden. Und darin liegt wahrscheinlich, mehr noch als in den politischen Umstände, die ihn dazu führten, der repressiven Herrschaft des iranischen Schahs zu entkommen, der wesentliche Grund dafür, dass er eine sunnitische Identität angenommen hatte: Es ging für ihn darum, Teil der Mehrheit zu sein, die sich selbst der Tradition des Propheten treu erklärt hatte, damit seine Stimme als Erneuerer in der ganzen muslimischen Welt ertönen könne. Im Grunde war die Frage, ob sunnitisch, schiitisch oder etwas anderes, unwichtig. Die Aufgabe, die die Geschichte ihm zu erfüllen auferlegt hatte, verlangte, dass gerade das Sektierertum überwunden werden muss und dass Afghanis Wort nicht von Anfang an als von einem bestimmten Ort kommend wahrgenommen und daher beiseitegeschoben würde, ohne überhaupt gehört zu werden. Afghani versteckte sich nicht hinter falschen Identitäten, sie waren alle seine eigenen.

Die Aufgabe verlangte auch, dass er kein traditioneller muslimischer Gelehrter war – wozu ihn seine Ausbildung zweifelsfrei gemacht hatte –, sondern dass er sich in der modernen Gestalt des Intellektuellen neu erfand, das heißt als jemand, der an den Dingen rüttelt, der aufrüttelt; jemand, der nicht immer damit beschäftigt ist, Abhandlungen zu schreiben, die eine hehre Tradition fortsetzen oder Anspruch auf Ewigkeit erheben, sondern jemand, der den Zeitungsartikel vorzieht, der nicht eine Leserschaft, sondern eine Öffentlichkeit will, um die Wirkungen seines Schreibens zu steigern.

Die Mission, die er auf sich nahm, verlangte, dass er sich verausgabt, und das tat er sein bewegtes Leben lang, das er damit verbrachte, zu reisen und den Lauf der Dinge zu beeinflussen. 1857 verbringt er etwas mehr als ein Jahr in Indien, bevor er eine Pilgerreise nach Mekka unternimmt. Man findet ihn in Afghanistan wieder, wo er Berater des Königs Mohammed Azam Khan wird, nachdem dieser 1866 Kabul eingenommen hatte. In diesen Funktionen zeigt er seine Opposition zu Großbritannien. Als Schir Ali Khan 1869 sich Kabuls bemächtigt und König wird, sieht sich Afghani gezwungen, das Land zu verlassen. In den 1870er-Jahren ist er in Ägypten, wo er seine Vorstellungen in Zeitungen verbreitet, die er oft mitbegründet, und wo er in einem der Studenten, denen er Philosophieunterricht erteilt, Mohammed Abduh, einen Schüler findet, der ebenfalls ein wichtiger Reformator werden wird.

Als politscher Agitator wird er 1879 noch einmal ausgewiesen. Er reist viel: Istanbul, Sankt-Petersburg, Moskau, München, London, Paris … Dort gründet er 1884 mit Mohammed Abduh eine Zeitung auf Arabisch. Zuerst vom Schah in den Iran eingeladen, fällt er schnell in Ungnade, wird festgenommen und schließlich 1891 des Landes verwiesen. In Istanbul stirbt er am 9. März 1897 und wird begraben, bevor erst 1944 seine Überreste auf

Bitte der afghanischen Regierung dem Land übertragen werden, mit dem sein Name verbunden ist. Sein Grab liegt heute auf dem Gelände der Universität von Kabul.

Das ist also der „afghanische Scheich", dessen „Einwände" gegen Ernest Renans Vortrag diesem die Gelegenheit zu einer „Antwort" geben, in der er Afghani zuerst die Ehre erweist und ihn als einen überaus intelligenten und aufgeklärten Mann bezeichnet. Renan spricht hinsichtlich Afghanis von der Existenz einer „Liga der verständigen Geister", deren Mitglieder sich überall, in allen Kulturen finden lassen. Diese Persönlichkeiten bezeugen über die von den Religionen erzeugten Trennungen und Fanatismen hinaus die Einheit des menschlichen Geistes, indem sie die Sprache der Vernunft sprechen. Renan sieht in demjenigen, der ihm durch das Gespräch die Idee zum Vortrag über Islam und Wissenschaft gab, also einen Menschen, der sich von der Verschlossenheit in seine Religion freigemacht hat, um frei zu denken wie Avicenna oder Averroes, die Renan „diese großen Ungläubigen" nennt, die „fünf Jahrhunderte lang die Tradition des menschlichen Geistes repräsentiert haben"[45]. Natürlich unterlässt er es in seinem Rassismus, der damals in der Luft lag, nicht, die Fähigkeit des „afghanischen Scheichs", frei zu denken, der Energie des „arischen Geistes" zuzuschreiben. Im Übrigen gesteht Renan seinem Gesprächspartner gern den, wie er sagt, einzigen Punkt zu, wo dieser seine Missbilligung kundtut: Afghani hatte den Eindruck, dass diese Kritik sich ausschließlich an den Islam richte. An die Affäre Galileo erinnernd präzisiert Renan, dass die Offenbarungsreligion im Allgemeinen von Natur aus der Wissenschaft feindlich ist.

Man sieht, dass die Einwände Afghanis nicht den Protesten entsprechen, die man hätte erwarten können und die sich seine Schüler erhofften. Renan hatte allen Grund anzunehmen, dass sein Gesprächspartner und er im Wesentlich völlig einverstanden waren, da man unter „verständigen Geistern“ war. Und am Schluss seiner „Antwort“ stimmt Afghani dem Verfasser der *Zukunft der Wissenschaft* zu: „So lange die Menschheit lebt, wird der Kampf zwischen dem Dogma und der freien Forschung, zwischen Religion und Philosophie nicht aufhören“. Es geht ihm also keineswegs darum, einer prinzipiellen Übereinstimmung von Religion und Philosophie das Wort zu reden, indem er sich auf eine reale, wenngleich oft missverstandene „Harmonie“ zwischen beiden beruft und sie als zwei Arten, dasselbe zu sagen, als zwei unterschiedliche Gesichter ein und derselben Wahrheit zu fassen sucht. Was Afghani behauptet, ist im Gegenteil, dass die primäre Wirklichkeit der Kampf ist, der Konflikt, das, was Kant einen Kampfplatz nannte.

Er ist einverstanden mit Renan: Philosophieren heißt nicht, auf anderen, rationalen Grundlagen eine Wahrheit festzustellen, die bereits in der Religion gegeben ist. Das ist die Rolle der Theologie. Philosophieren heißt, das Risiko einzugehen, einen Kampf des freien Denkens zu beginnen, das sich nicht auf einen apriorischen Willen zur Treue versteift, in dem es sich nur einschließen, also verraten und letztlich verleugnen würde. Und in diesem Kampf, fügt Afghani hinzu, liegt etwas Verzweifeltes, denn einerseits lieben die Massen die Vernunft nicht und andererseits muss man immer mit diesem Durst rechnen, der auch die Menschlichkeit ausmacht, den die Wissenschaft, so schön sie auch sei, nicht stillen kann. Diese letzte, antipositivistische Bemerkung ist hervorzuheben: Sie erinnert daran, dass die Wissenschaft sich auch nicht in sich selbst verschließen und eine Philosophie sein darf, die die menschliche Vernunft und das Verlangen, das sie durchwirkt und begründet, zu erschöpfen vermeint.

Die Massen lieben die Vernunft nicht? Warum bleibt man dann nicht unter sich und übt die Geheimlehre in der Tradition der *falasifa* und Sufis aus, unter „verständigen Geistern"? Averroes verlangte nur, dass die Gemeinschaft im Allgemeinen vor der Philosophie beschützt werde und die Philosophen vor der Misologie der Menge. Afghani scheint manchmal tatsächlich in dieser Weise zu sprechen, wie das auch im Briefwechsel mit Mohammed Abduh festgestellt werden kann, wo der Grund genannt wird für die schließlich getroffene Entscheidung, seine Antwort auf Renan nicht ins Arabische zu übersetzen und in der muslimischen Welt zu verbreiten. Es musste vermieden werden, dass die Zustimmung des „Scheichs" zur Behauptung des französischen Philosophen, der zufolge der Islam in sich die Wissenschaft und die Philosophie erstickt, zu große Verbreitung findet.

Andererseits ist Afghani in erster Linie ein Reformist, der die Trennung zwischen der Elite, die natürlich insofern kosmopolitisch ist, als sie die universale Sprache der Demonstration spricht, und den Massen, die grundlegend dazu neigten, diese Sprache zu hassen und sich auf eine Treue zur Wiederholung zu versteifen, nicht akzeptieren kann. Die Reform, die die Lage der muslimischen Welt verlangt, ist vor allem eine Erziehungsbewegung dieser Welt (eine Bewegung des Herausziehens aus der Verschlossenheit) und nicht ein Gespräch zwischen aufgeklärten Geistern. Der Denkkampf ist nicht vom Kampf eines Weltwerdens der Ideen zu trennen.

Der Intellektuelle oder Gelehrte hat somit die Verantwortung, zu erziehen, das heißt die Verantwortung, kontinuierlich die Treue zur Bewegung herzustellen und die Versteinerung abzuwehren, in die das führt, was man – um den glücklichen Ausdruck des Philosophen Gaston Berger zu verwenden – einen retrospektiven Starrsinn nennen kann. Afghani erinnert zwar daran, dass die intellektuelle Geschichte der islamischen Welt an sich ein Argument ist, das den Behauptungen Renans entgegenzusetzen ist. Doch seine eigentliche Antwort liegt in der Entscheidung für eine andere Zukunft, indem man versteht, was Treue wirklich bedeutet. Es geht nicht darum, Renan zu widersprechen, indem man eine Vergangenheit heraufbeschwört, sondern indem man entscheidet, aufzuhören, ihm Recht zu geben. Im Namen der Verantwortung des Intellektuellen, auf die Zukunft hin zu öffnen, hatte der afghanische Scheich bereits seine Angriffe gegen die muslimischen Gelehrten seiner Zeit gewandt, im Namen der Wissenschaft und ihrer Anforderungen, und das bevor er noch Renans Rede gehört hatte.

Am 8. November 1882 wendet er sich nämlich in einem Vortrag mit dem Titel „Rede über ‚Lehren' und ‚Lernen'" in der Albert Hall in Kalkutta an die „indische Jugend" und klagt mit erhobenem Finger diejenigen an, die er „unsere Gelehrten" nennt. Ihre Pflicht ist, so sagt er im Wesentlichen, das Licht in der Gesellschaft zu verbreiten. Sie sind aber nun dermaßen engstirnige Geister geworden, dass sie wie schwache Kerzen nicht einmal mehr das Zimmer zu erhellen vermögen, in dem sie sich befinden. Und wie sollte es auch anders sein, wenn sie den Sinn der Wissenschaft als Öffnung, als eine Tätigkeit, die keinem besonderen Volk oder Gebiet gehört, aus den Augen verloren haben, insofern sie zwischen einer „europäischen" und einer „muslimischen" Wissenschaft unterscheiden? Wie sollte es auch anders sein, wenn die großen Fragen, die einen anstacheln und Orientierung bieten, sie nicht mehr beschäftigen, wenn sie nicht mehr fragen: „Wer sind wir?“, „Was brauchen wir?“ und „Was ist gut für uns?“. Wie sollte es auch anders sein, wenn sie die Fähigkeit zum Staunen verloren haben, das dazu drängt, zu suchen, zu staunen angesichts der Veränderungen einer Welt, in der Elektrizität, Dampfschiffe und Eisenbahnen regieren? Mit einem Wort, wie sollte es auch anders sein, wenn sie sich des Bedürfnisses nach Philosophie nicht bewusst sind, in dem sie sich befinden und ihre Welt mit ihnen?

Denn es geht in der Hymne an die Wissenschaft, die Afghani in diesem Vortrag anstimmt, tatsächlich um die Philosophie und um das Licht, das sie verbreitet. Sicherlich begünstigt die Wissenschaft in ihrem Technisch-Werden den Fortschritt der Gesellschaften und erklärt die Herrschaft gewisser Völker über andere im Laufe der Geschichte. Und heute ist die Herrschaft, die Europa über die muslimische Welt ausübt, letztlich die Herrschaft der Wissenschaft über die Unwissenheit. Doch man darf die Moderne nicht mit ihren Zeichen und den wissenschaftlichen und technischen Effekten, die sie zeitigt, verwechseln. In ihrem Wesen ist sie vor allem philosophisch und vollzieht sich in der „Mutterwissenschaft“, die die „Gemeinschaftsseele“ der unterschiedlichen Wissenschaften ist.[46]

Die Disziplinen, die studiert werden, bleiben aristotelisch, stellt Afghani fest, der genau anzeigt, wo der Bruch liegt: Die „Gelehrten“ der muslimischen Welt sind noch damit beschäftigt, sich zu verbieten, die Welt Galileos, Newtons oder Keplers zu denken. Mehr als die eigentlich Galileo-Newtonsche Wissenschaft bedarf es einer Weltsicht, mit der die moderne Wissenschaft zusammenpasst, der Weltanschauung eines offenen, „unendlichen“ Universums, das die „geschlossene Welt“, in der sie leben, ersetzt.[47] Deshalb ruft der Reformator die Gelehrten der muslimischen Welt im Grunde dazu auf, die Geste des Kalifen Al-Ma'muns gegenüber dem griechischen und hellenistischen Denken in Bezug auf die moderne und zeitgenössische Philosophie zu wiederholen.

Doch es geht nicht nur darum, Bücher wie jene von Mulla Sadra zu studieren, die traditionellerweise in der schiitischen Welt studiert werden, wo er seine Ausbildung erhalten hat, oder die Bücher der modernen europäischen Philosophen. Es geht im Gegenteil darum, eine antischolastische Bewegung zu vollziehen, die Augen zu erheben, um sie auf das Buch der Welt zu richten. Descartes hatte von der Philosophie gesagt, dass sie ein Öffnen der Türen und Fenster sei. In derselben Weise erklärt Afghani, dass „Philosoph derjenige ist, dessen Geist für das geringste Geschehen und das geringste Detail im Universum empfänglich ist, und nicht derjenige, der – den Blinden ähnlich – einer Straße folgt, von der er weder Anfang noch Ende kennt“[48].

8. Philosophie der Reform

Afghani hat entscheidend dazu beigetragen, dass es eine Philosophie der Reform gibt. Sie fand und findet noch immer unterschiedliche Ausdrucksweisen. Renan fasste die Reform als ein Verlassen der Religion auf. Afghani sieht sie als eine Erneuerung und Fortführung der Religion, die auf einem wahrhaften Verständnis ihres Geistes gründet. Mit der verknöcherten Scholastik zu brechen, ist die beste Art und Weise, an die Bewegung wiederanzuknüpfen, die die Religion zuerst ist. Wenn die Reform, wie man sieht, auf einen Eintritt in die Moderne abzielt, welchen Inhalt soll man ihr dann geben? Afghanis ägyptischer Schüler Mohammed Abduh (1849–1905) zeigt wahrscheinlich am deutlichsten auf, was unter Moderne zu verstehen ist. Es handelt sich darum, so erklärt er in seiner *Darstellung der muslimischen Religion*[49], die Vernunft von den Ketten der Nachahmung zu befreien, das heißt von der blinden und mechanischen Wiederholung einer Tradition, und um das Bekenntnis zur Auffassung, dass der Mensch frei und mündig sei und dass er keinen anderen Herren anzuerkennen habe als die einfache Tatsache, dass der Verstand auf sich selbst und seine eigene Urteilsfähigkeit angewiesen ist.

Man kann mit Recht sagen, dass der auf diese Weise der Moderne gegebene Inhalt den Einfluss der Aufklärung, so wie sie sich in Europa behauptet hat, ausdrückt. Abduh zitiert tatsächlich einen „westlichen Philosophen", der sagt, dass die Emanzipation des Willens und die Autonomie des Urteils die Grundlage für die Errichtung der modernen europäischen Welt seien; doch er fügt sogleich hinzu, dass diese Grundlage selbst die Wirkung eines Lichtstrahls ist, der aus der islamischen Kultur stammt und im 16. Jahrhundert das Abendland erhellt hat. In dieser letzten Behauptung steckt natürlich vor allem Apologetik, doch jenseits der bloßen Übertreibung des angeblichen Einflusses der muslimischen Religion weist diese Behauptung einer Islamizität der Moderne *als solcher* drei wichtige Aspekte auf.

Zuerst stellt sich Abduh nicht in einen Gegensatz zum Abendland und versucht nicht, der europäischen Moderne eine alternative islamische Moderne entgegenzustellen. Er würde wahrscheinlich zugeben, dass die Moderne hier oder da, in diesem oder jenem Kulturkreis eine besondere Färbung annehmen kann; es gibt dennoch nur *eine* Moderne, weil ihr Kern immer die Zentralität des in seinem Urteil autonomen vernünftigen Subjekts ist.

Sodann kann man festhalten, dass seine Behauptung, dass diese Moderne auch Tochter des Islam ist, letztlich nur eine Weise ist, die universelle Forderung der Emanzipation durch die Förderung des autonomen Subjekts in allen Kulturen anzuerkennen. Dasselbe findet statt, wenn die *Anerkennung* (*reconnaissance*) der Universalität der Menschenrechte über eine Form der Aneignung verläuft, die für die unterschiedlichen Kulturen darin besteht, *sich* in der Erklärung dieser Rechte *wiederzuerkennen* (*se reconnaître*).

Der dritte Aspekt der Behauptung Abduhs ist das, was man die retrospektive Rekonstruktion des Sinns der Religion nennen könnte. Es geht um Folgendes: Weil die

Autonomie des individuellen Urteils heute als ein Wert und als eine Forderung erscheint, wird sie als ein Sinn projiziert, den die Religion *immer schon* getragen hätte. Diese Methode, auf die Fundamente zurückzukommen, um sie die Forderungen des Fortschritts tragen zu lassen, die die Gegenwart stellt, zeichnet die reformistische Philosophie aus. Man könnte sie als progressiven Fundamentalismus im Gegensatz zum reaktiven Fundamentalismus bezeichnen.

Die Erinnerung an die Ursprünge kann sich in einer Versteifung ausdrücken, um jeden Preis das wiederherzustellen zu wollen, was *in der damaligen Zeit*, im goldenen Zeitalter der ersten Generation Bestand hatte. Diese Haltung läuft darauf hinaus, zu glauben, dass Treue die sklavische Nachahmung eines Vorbilds bedeute. Das ist schlicht unmöglich, weil das Vorbild, das man sich vorstellt, immer rekonstruiert, das heißt fabriziert ist. Wie die „goldene Generation" leben zu wollen, bedeutet, zu behaupten, dass es einen ursprünglichen, klaren und selbstevidenten Sinn gibt, dem gegenüber alles andere nur Interpretation ist.

Wir wissen nur wenig über die Lebens- und Denkweise derer, die am Ursprung da waren. Sie nachahmen zu wollen, heißt unvermeidlicher Weise zu erfinden. Wenn man vorgibt, das Vorbild, das sie sind, ohne Erneuerung zu wiederholen, belügt man sich selbst. Denn das Leben selbst ist vor allem Erneuerung. Deshalb gibt es eine Rückkehr zu den Fundamenten, die bedeutet, dass man versucht, sich von dem inspirieren zu lassen, was am Ursprung war, um so zu versuchen, den Geist der Religion einzufangen, ihn in ihrem ersten und freien, revolutionären Hervorquellen wiederzufinden, um den Anforderungen der Gegenwart besser entsprechen zu können und sich der Zukunft zuzuwenden. Das „Fundamentale" wird also durch das definiert, was es vom Nebensächlichen unterscheidet, von den verknöcherten Interpretationen, die sich zwischen es und den Anforderungen der Gegenwart gestellt haben. Von diesem Fundamentalen verlangt man neuen Schwung, die Eröffnung der Zukunft. Das ist der progressive Fundamentalismus.

Der reaktive Fundamentalismus, der Fundamentalismus der Verkrampfung, drückt das Grauen vor der Zeit aus, die er als das auffasst, was uns vom Original (statt vom Fundamentalen) trennt. Er ist gewaltbereite Reaktion auf das Werk der Zeit, in dem er nur den Verfall dessen sieht, was „in der damaligen Zeit" Bestand hatte, in der Zeit der frommen Vorfahren. Der reaktive Fundamentalismus verdammt die Zeit.

An zahlreichen Stellen spricht der Koran von denen, die sich der Predigt der Propheten im Namen ihrer Treue zur Lebensweise der „Väter" widersetzen. Mohammed Abduh zitiert den Vers 43:21, der den Starrsinn jener beschreibt, die die Ahnen verehren: „Wir fanden unsere Väter auf einem Weg und wir lassen uns durch ihre Fußstapfen leiten." Und er kommentiert ihn, indem er die Aktualität dieser Haltung behauptet. Tatsächlich vergessen jene, die nicht wissen, dass das Projekt der Befreiung des Menschen von den Ketten der Nachahmung eine kontinuierliche Bewegung ist, dass diese Weigerung nicht bloß zu einem längst vergangenen Zeitpunkt der Geschichte, als das Wort Gottes noch nicht den Weg in die vom Götzendienst verstockten Köpfe und Herzen gefunden hatte, ausgesprochen worden ist: Sie ist zeitlos, in dem Sinne, als sie die unsere ist, heute, da wir immer wieder zur Bewegung des Herausgehens aus der Verschlossenheit in der Tradition der Väter und in versteinerten Interpretationen aufgerufen sind.

Die Moderne ist nichts anderes als das Verständnis, dass das Leben diese Bewegung des ständigen Ausgangs aus der Tradition, aus der eigenen Unmündigkeit zugunsten der Vernunft ist. Im Übrigen muss das Verständnis dieser Bewegung selbst durch das Nachdenken über die vergangene Geschichte begünstigt werden. Und somit ist die Zeit als Geschichte, weit davon entfernt, einfach das zu sein, was uns vom goldenen Zeitalter entfernt, die wahre Lehrerin, die uns in die Zukunft führt.

Auf die Vergangenheit zurückgehen, um in ihr einen Geist der Bewegung zu finden und somit die Zukunft zu eröffnen, ist ein Gestus der Reform, den man geradezu im Titel des Hauptwerks von Ameer Ali, dem fortschrittlichen indischen Philosophen wiederfindet, der zehn Jahre jünger als Afghani war: *The Spirit of Islam. A History of the Evolution and Ideals of Islam, with a Life of the Prophet*, oder zu Deutsch: *Der Geist des Islam. Eine Geschichte der Entwicklung der Ideale des Islam sowie das Leben des Propheten.* Dieses Buch wurde 1890 veröffentlicht und erschien 1902 in einer veränderten Fassung und noch einmal 1922 mit neuen Veränderungen. In seiner letzten Fassung ist es heute noch Gegenstand zahlreicher Neuauflagen.

Sayyid Ameer Ali wurde 1849 in Cuttack, der kulturellen Hauptstadt Orissas in Indien geboren, in eine Familie, die wie der Titel *sayyid* anzeigt, deren Ursprünge bis zum Propheten Mohammed zurückgehen. Er ist zu seiner Zeit zu einem der herausragenden Symbole des Erfolgs geworden, den das britische Erziehungssystem seinen indischen Untertanen versprach, wovon man sie übrigens überzeugen musste, vor allem die Muslime, die die englische Schule massiv ablehnten. Nach glänzendem Studium an der Universität von Kalkutta, wo er sich auf Geschichte spezialisiert hatte, setzt er ab 1869 in England seine Ausbildung zum Juristen fort, die er 1873 beendet. Nach einer Laufbahn als Rechtsanwalt wird er 1890 Richter am Obergericht von Kalkutta. Sein Leben steht unter dem doppelten Zeichen eines muslimischen Nationalismus angesichts der Herrschaft der hinduistischen Mehrheit in Indien und eines Willens zur Modernisierung des Islam dank der Entwicklung eines modernen Bildungssystems und des rationalistischen Geistes.

Dieser Wille steht am Anfang seiner Lektüre der „Geschichte der Entwicklung der Ideale des Islam", in der er versucht, den „Geist" dieser Religion in der Geschichte zu enthüllen. Die Reflexion insbesondere über die Stellung der Frau im Islam ist exemplarisch für die Herangehensweise einer Philosophie der Reform, die die Geschichte der Grundlegungen neu aufrollt, um in ihr eine *Absicht* der Religion zu entdecken, die in der Zukunft weiterverfolgt werden müsse.

Wenn man nun aber einen Begriff gebraucht, der völlig subjektiv erscheinen kann, wie stellt man dann sicher, dass man nicht einfach willkürlich erfundene Lesarten und Interpretationen auf unsere gegenwärtigen Fragen projiziert? Die *Absicht* muss also einer objektiven Bewegung entsprechen, die klar die Richtung anzeigt, die jetzt fortzusetzen ist.

Es ist von diesem Gesichtspunkt aus unleugbar, dass die Richtlinien des Korans hinsichtlich der Stellung der Frauen in Richtung einer Bewegung gehen, die von der Rechtlosigkeit, in der sie unter dem wesentlich männlichen Stammesgesetz lebten, zu ihrer Anerkennung als Rechtssubjekte geht. Man kann es heute als Ungleichheit beklagen, dass der Anteil des Mannes am Erbe doppelt so hoch wie der Anteil der Frau ist. Wenn man über diesen Sachverhalt und darüber nachdenkt, was im Namen der

Gleichheit zu tun ist, muss man sich zuerst bewusst darüber sein, dass dieses Gesetz die Stammeswelt beendete, in der die Frauen nicht nur keinen Anteil am Erbe hatten, sondern selbst Teil der Güter waren, die man erben konnte, wobei ihr Wille natürlich nicht zählte.

Die Polygamie wird heute so stark mit der muslimischen Religion assoziiert, dass man manchmal zu denken scheint, dass sie vom Islam als neue Möglichkeit autorisiert worden sei, damit die Männer mehr Ehefrauen haben können. Die fundamentalistische Reaktion gegenüber den Familiengesetzen, die heute in zahlrechen muslimischen Ländern darauf abzielen, das Verschwinden dieser Praxis zu begleiten und zu beschleunigen, stellt selbst eine Umkehrung des Sachverhalts dar. Man tut so, als ob das, was offenbar nur *toleriert* wurde, eine *unabdingbare Bedingung* der Konformität einer Gesetzgebung mit der Religion wäre. Man vergisst damit, dass die religiösen Richtlinien auf dieser Ebene im Gegenteil dazu da waren, die Praxis der Polygamie zu begrenzen und zu kodifizieren, die bis dahin keiner anderen Regel als dem Gutdünken und dem Verlangen der Männer unterlag. Das Maximum von vier Ehefrauen wurde nämlich an die ausdrückliche Bedingung gebunden, dass der Ehemann gerecht sein müsse, sie lieben und ihre völlige Gleichheit respektieren müsse. Was bedeutet also jener Koranvers, der feststellt, dass „ihr nicht gerecht gegenüber euren Frauen sein könnt, selbst wenn ihr darauf achtet …"?

Gerade das führt Ameer Ali dazu, zu sagen, dass die Forderung nach Gerechtigkeit, die zugleich mit der Feststellung ihrer Unmöglichkeit gesetzt wird, letztlich schlicht und einfach auf ein Verbot der Polygamie hinausläuft.[50] Sowohl das logische Prinzip des Widerspruchs als auch der klare Hinweis, dass die *Richtlinien* des Korans auch eine fortzuführende *Richtung* vorgeben, so erklärt Ali, führt zu dieser Schlussfolgerung. Im Übrigen hatten, fügt er hinzu, bereits seit dem dritten Jahrhundert der muslimischen Zeitrechnung bestimmte mutazilitische Theologen diese Schlussfolgerung aus den gegebenen Prämissen gezogen. Der Mutazilit, erklärt Ameer Ali, ist aus Überzeugung streng monogam.[51]

Dieser Zugang, der darin besteht, in der Geschichte Hinweise für die Gestaltung einer Zukunft finden, die den Dringlichkeiten der Gegenwart gerecht wird, kennzeichnet ein Werk, dessen Bedeutung für die Entwicklung der politischen Philosophie im Islam nicht genug unterstrichen werden kann. Sein Titel lautet *Der Islam und die Grundlagen der Herrschaft: Studie über das Kalifat und Regieren im Islam.* Sein Autor ist der Ägypter Ali Abd-ar-Raziq (1888–1966).

Nach der Ausrufung der Türkischen Republik am 29. Oktober 1923 wird das osmanische Kalifat, das zumindest dem Namen nach das Symbol der Einheit und des Fortbestands einer muslimischen Gemeinschaft war, im März 1924 endgültig abgeschafft, nachdem es zuvor auf eine rein spirituelle Funktion reduziert worden war. So endet offiziell die Geschichte einer islamischen Welt, so wie sie von der Botschaft des Propheten geschaffen wurde, selbst wenn in Wirklichkeit seit langem, vielleicht schon seit der Ermordung des dritten Kalifen, der Begriff einer Zentralregierung, die tatsächlich die Angelegenheiten der Muslime verwaltet, die sich alle in ihr wiedererkennen, nur noch eine Fiktion war. Die islamischen Gesellschaften wurden tatsächlich von unterschiedlichen lokalen Mächten geleitet, das Ende des Kalifats änderte letztlich nichts am Lauf der Dinge. Es bezeichnet dennoch das Ende einer Welt, das dazu zwingt, die politische Frage der Regierung neu zu denken.

Handelt es sich darum, sie neu zu denken, oder vielmehr darum, sie wirklich zum ersten Mal zu *denken*? Denn alles sah bisher so aus, als ob die Frage des Politischen hinter der des Kalifats und der Herrschaft des Kalifen versteckt worden wäre. Es hat sich also, schreibt Abd-ar-Raziq in *Der Islam und die Grundlagen der Herrschaft*[52], keine Politikwissenschaft entwickelt, die die Frage nach dem Wesen der Regierung, ihrer Besonderheiten oder ihrer Typologie gestellt hat. Er stellt in dieser 1925, einem Jahr nach der Abschaffung des Kalifats erschienen Schrift fest, dass das philosophische Denken, selbst als es in seiner ursprünglichen Kraft stand, es verabsäumt hat, ernsthaft diese Fragen ausgehend von Platons *Staat* oder Aristoteles' *Politik* zu stellen, jener Philosophen, deren Werk doch in hohem Ansehen stand.[53] Für diese Abwesenheit gibt es eine offensichtliche Antwort, die Abd-ar-Raziq zufolge selbst politisch ist: Die Macht auf dem Thron hat es nicht gern, dass man die Frage nach ihren Grundlagen stellt, denn diese birgt die Gefahr, die nackte Wahrheit offenzulegen, dass die Macht letztlich nur auf der Kraft der Unterdrückung beruht und ihre Legitimität nicht aus ihrer Behauptung bezieht, eine Art der Fortführung des Werks des Propheten zu sein. Abd-ar-Raziq ist der Auffassung, dass gerade der Begriff der Fortführung in Frage gestellt werden muss, denn – und das ist die überaus provokante Frage, die er in seinem Werk stellt – war der Prophet überhaupt ein König?

Wer ist Ali Abd-ar-Raziq? Er ist vor allem, wie Mohammed Abduh vor ihm, das Ergebnis der ehrwürdigen Institution der Al-Azhar-Universität in Kairo, die von den Fatimiden gegründet worden war und an der jahrhundertelang zahlreiche muslimische Gelehrte ihre Ausbildung erhielten. Ali Abd-ar-Raziq wird 1888 in eine bürgerliche Familie aus Mittelägypten geboren. Sein Vater war Reformist und ein Gefährte Mohammed Abduhs. Ali Abd-ar-Raziq folgt dem *cursus honorum* dieser prestigeträchtigen Universität bis zur Erlangung des Titels *Scheich al-Azhar*, der ihn unter die bedeutendsten theologischen Rechtsgelehrten in der muslimischen Geisteswelt einreiht.

Was sein Nachdenken herausforderte, dessen Frucht sein Buch *Die Grundlagen der Herrschaft* ist, war die Debatte, die die Veröffentlichung eines Werks hervorgerufen hatte, das von der türkischen Nationalversammlung in Auftrag gegeben worden war. Dieses Buch war eine Art Manifest, das die Reduktion des Kalifats auf seine bloß spirituelle Bedeutung rechtfertigte und die muslimischen Völker dazu einlud, frei die Regierungsformen zu bestimmen, die zu ihrer Situation passten. Zahlreiche Gelehrte hatten diesem Manifest entgegengehalten, dass es ein islamisches Modell für die Organisation der Herrschaft gebe, das auf einer „impliziten Konstitution" beruhe, und dass Ersteres ebenso wie Letztere auf den Propheten selbst zurückginge und den Muslimen befehle, sich ewig daran zu halten.

Abd-ar-Raziqs zeigt an den Texten und Traditionen *more geometrico*, wie sein Übersetzer und Kommentator Abdou Filali-Ansary in seiner „Einleitung" zu dem Buch erklärt, dass es niemals so etwas wie eine ideale Regierung gab, die den muslimischen Bevölkerungen eine zeitlose Norm auferlegte, Institutionen anzunehmen, die sie repräsentieren und ihre Angelegenheiten verwalten. Dieses Verfahren brachte ihm einen Prozess beim Gelehrtenrat der Al-Azhar-Universität ein. Am Ende dieses „Prozesses" mit Anklageschrift und Antworten des Angeklagten – Dinge, die der „Affäre Ali Abd-ar-Raziq" , wie Filali-Ansary den Fall nennt, eine besondere Note verleihen – wurde er aus der Körperschaft der Doktoren der

Al-Azhar ausgeschlossen, verlor seinen Titel und erhielt folglich Unterrichts- und Rechtsprechungsverbot. Abgesehen von ein paar kleinen Veröffentlichen hielt er sein Schweigen, selbst als diese Maßnahmen aufgehoben wurden. Er stirbt 1966, vierzig Jahre, nachdem er das Werk veröffentlicht hatte, das zur heutigen Entwicklung der politischen Philosophie in der Welt des Islam maßgeblich beigetragen hat, indem es die Treue zu einem unauffindbaren Regierungsmodell, dem gemäß Staat und Religion unauflöslich verbunden wären, radikal infrage stellt.

Der Scheich der Al-Azhar-Universität sagt, dass man sich ansehen muss, wie die Dinge vonstatten gegangen sind, und dass man seine Vernunft verwenden muss, um die notwendigen Schlussfolgerungen daraus zu ziehen. Befolgt man diese Methode, dann muss man sich der ersten Offensichtlichkeit stellen, dass die religiöse Predigt des Propheten keineswegs die Konstitution eines politischen Staats zum Zweck hatte. Er musste zwar die radikal neue Gemeinschaft, die seine Botschaft geschaffen hat, leiten, doch man sieht leicht, dass er sich nicht darum gekümmert hat, die Prinzipien eines Regierungssystems mit all den Regeln darzulegen, auf dem es beruht. Wenn wir zum Beispiel nichts von den Verfahren wissen, die das System fortbestehen lassen sollen, dann nicht aus Mangel an historischen Informationen, sondern weil die Dinge auf dieser Ebene offengelassen und der menschlichen Vernunft und Urteilsfähigkeit überlassen worden sind.

Abd-ar-Raziq liest in seiner Untersuchung der Geschichte der Ursprünge nicht den Willen, eine neue Gemeinschaft in sich abzuschließen, indem sie sich zu einem Modell unauflöslicher Einheit von Staat und Religion erhebt, sondern eine *Absicht*, eine offene Gesellschaft einzuleiten, in der nichts verbietet, die Regierungssysteme zu denken und zu errichten, die den Bedingungen, die die Bewegung des Lebens immer entstehen lässt, am besten entsprechen. Noch einmal, der Druck der Moderne führt zu dieser retrospektiven Lesart und die Laizität, die die moderne Türkei gerade entschieden hatte, für sich zu errichten, zeigte gut an, woher das Gewicht dieses Drucks kam. Doch hierin liegt gerade der ganze Sinn der Philosophie der Reform, so wie sie von der Methode des Buchs über die *Grundlagen der Herrschaft* veranschaulicht wird: zu zeigen, dass in den *fundamentalen Dingen* der Religion der Forderung der Moderne, Staat und Religion zu trennen, und der Entwicklung einer Wissenschaft vom Politischen, dessen Autonomie anerkannt würde, nichts entgegensteht – im Gegenteil!

9. Die Philosophie der Bewegung

Es ist offensichtlich, dass das islamische Denken heute von den Veränderungen der Zeit herausgefordert wird. Sich dieser Herausforderung zu stellen, setzt voraus, dass man es nicht auf das Bild von einem Schiffchen reduziert, das unruhigen Gewässern ausgesetzt ist. Es geht nicht nur um die Feststellung „das ist die Moderne", so als müsse sozusagen von außen eine konstituierte, eingesessene Tradition an die Veränderungen, die sich vollziehen, *anpassen*. Letztlich geht es darum, zwei Vorgehensweisen, deren eine, bedenkt man es recht, so sinnlos ist wie die andere, gleichermaßen abzulehnen: „Den Islam modernisieren" und „die Moderne islamisieren" sind zwei einander ausschließende Antworten auf ein und dieselbe schlecht gestellte Frage. Man muss vielmehr den Ausgangspunkt dieser zwei Vorgehensweisen infrage stellen. Die Gegenüberstellung von Moderne und Islam ist gerade das falsche Problem. Es geht also darum, das Werden anders zu verstehen, indem man begreift, dass die Zeit nicht der Religion äußerlich, sondern ihr Stoff ist. Die Zeit ist nicht – oder nicht nur und nicht vor allem – die Prüfung, die die Religion zu bestehen hat, sondern sie macht gerade ihre Selbstentfaltung aus: Die Zeit ist Gott. Anders gesagt, die Antwort auf die Herausforderung der sich verändernden Zeiten, gemäß den heutigen Anforderungen, nämlich Weiterführung der befreienden *Absicht* und *Dynamik* der Religion in den Bereichen der sozialen Gerechtigkeit, der Gleichheit zwischen Männern und Frauen, der Wahrung des Prinzips des Pluralismus, kurz die notwendige „Wiederbelebung des religiösen Denkens des Islam“ setzt die Aufdeckung eines Denkens der Zeit als schöpferisches Werden voraus, einer Kosmologie, die kontinuierliches Erscheinen, *élan vital* ist.

Damit eine Philosophie des *élan vital* möglich werden konnte, musste eine andere Richtung eingeschlagen werden als die, die der philosophischen Tradition infolge der dem Denken vorgelegten Paradoxa der Eleaten bestimmt war: das Paradoxon von „Achilles unbeweglich schreitet an“ und das vom Pfeil, „der zittert, fliegt und doch nicht fliegen kann“, so wie Paul Valéry sie wiedergegeben hat.[54] Das heißt, man musste einer Auffassung der Zeit als Reihe und als in Augenblicke teilbar den Rücken kehren. Wenn die Zeit eines Laufs nur als die Strecke aufgefasst wird, die den Endpunkt vom Anfangspunkt trennt, und sie somit, wie Aristoteles sie definiert hatte, die Zahl die Bewegung gemäß dem Davor und dem Danach ist, dann wird nicht die Zeit selbst gedacht, sondern ihre Verwandlung in Raum. Wenn die Bewegung des Laufs solchermaßen in eine Ansammlung extrem naher Unbeweglichkeiten verräumlicht wird, dann führt ihre rein kinematische Zeit leicht zum Paradox. Achilles wird Opfer eines Standbilds sein, während die Schildkröte in aller Ruhe die Ziellinie überschreitet.

Das andere oder vielmehr wahrhafte Denken der Zeit beginnt mit dem, was der senegalesische Philosoph Léopold Sédar Senghor „die Revolution von 1889“ genannt hat, womit er das Ereignis meint, das die Veröffentlichung von Henri Bergsons *Zeit und Freiheit* darstellt. Man kennt die Zeilen zu Beginn von Bergsons

Werk *Schöpferische Evolution*, wo die Bewegung in ihrer Wahrheit, aus dem Inneren eines Seelenzustands als unteilbar in Unbewegliches dargestellt wird: „Mit seinem Fortschreiten in der Zeit schwillt mein Seelenzustand kontinuierlich um die dabei aufgelesene Dauer an; gleich einem Schneeball rollt er sich selbst, lawinenartig größer werdend, auf.“[55]

Eines Tages, als er sehr krank ist und keinen Besuch empfängt, erfährt Bergson, dass ein Inder, der in Paris auf der Durchreise ist, ihn zu sehen wünscht. Er macht eine Ausnahme und empfängt ihn. Sie diskutieren zwei Stunden lang unter anderem über das Denken Berkeleys. Der indische Gast berichtet in einem Brief[56] über diesen Besuch und sein Gespräch mit dem französischen Philosophen, mit dem er sich sofort geistig eng verbunden fühlte. Er sagt, dass er ihm aufgrund seines Verständnisses der Zeit als Dauer auf seinem Weg zur *Wiederbelebung des religiösen Denkens im Islam*, wie sein Prosahauptwerk betitelt ist, begleitet habe.

Kalif Al-Ma'mun hatte von Aristoteles geträumt und verstanden, dass das islamische Denken sich im Dialog mit dem Stagiriten und der griechischen Philosophie entfalten könne. Auf dem Dialog vor allem mit Bergson, dem französischen Philosophen, der sich zum Katholizismus hingezogen fühlte, aber bis zu seinem letzten Atemzug ein Sohn Israels blieb, wurde das heute noch wichtigste philosophische Werk in der islamischen Welt gegründet, die versucht, an ihr Bewegungsprinzip anzuschließen: das Werk von Bergsons indischem Gast, Muhammad Iqbal.

Muhammed Iqbal wird am 9. November 1877 in Sialkot in der Region Punjab in eine aus dem Kaschmir stammende Familie geboren. Sein Vater ist Teil jener indischen Muslime, die von der Nützlichkeit überzeugt sind, die die moderne Bildung der britischen Schule dem Islam bietet. Zur Erziehung in der Tradition des sufistischen Islam tritt für seinen älteren Bruder eine glänzende Ausbildung als Ingenieur, für den jüngeren Bruder eine als Philosoph und Juristen hinzu. Tatsächlich begibt sich Iqbal nach dem Studium am Murray College in seiner Heimatstadt (das später seinen Namen erhält) und nach ein paar Jahren des Philosophieunterrichtens am Government College von Lahore 1905 nach Großbritannien, um in Cambridge sein Doktorstudium in Philosophie fortzusetzen und sein Rechtsanwaltsdiplom zu erhalten. 1907 verfasst er seine philosophische Doktorarbeit über *Die Entwicklung der Metaphysik in Persien*, die sich als ein *Beitrag zur Geschichte der muslimischen Philosophie* darstellt (das ist ihr Untertitel).

Bereits seit ein paar Jahren ist Iqbal ein Dichter, der bahnbrechende Errungenschaften in der Entwicklung einer modernen persischen Literatur leistet. In den vor seinem europäischen Aufenthalt verfassten Gedichten kommen indischer Nationalismus und traditionelle sufistische Themen zum Ausdruck. Er entscheidet sich sodann, in der von ihm so genannten „Sprache der islamischen Kultur", das heißt auf Persisch zu schreiben, um die islamische Welt besser ansprechen zu können. In dieser Sprache veröffentlicht er wichtige philosophische Gedichte: *Die Geheimnisse des Selbst* (1915), *Die Mysterien der Selbstlosigkeit* (1918), *Botschaft des Ostens* (1922), *Buch der Ewigkeit* (1932) … Eine Reihe von Vorträgen in den Universitäten Südindiens von 1928 und 1929 werden 1930 unter dem Titel *Lectures on the Reconstruction of the Religious Thought in Islam* versammelt, zu Deutsch *Die Wiederbelebung des religiösen Denkens im Islam.*

Muhammad Iqbal wird heute in Pakistan als „Vater der Nation“ und als monumentaler Dichter, dessen Verse man rezitiert, verehrt. In der von Schall und Wahn erfüllten Geschichte des Ansturms des indischen Nationalismus auf das britische Kolonialsystem und der zahlreichen gewaltsamen Zusammenstöße zwischen den hinduistischen und den muslimischen Vertretern dieses Nationalismus spielte Muhammad Iqbal eine wichtige Rolle: von seiner Wahl in den Legislativrat von Punjab über den entscheidenden Moment, als er 1930 zum Präsidenten der jährlichen Sitzung der muslimischen Liga ernannt wurde, bis zu seinem Tod 1938. Als Präsident dieser Partei sprach er über die Möglichkeit, die Provinzen mit einer mehrheitlich muslimischen Bevölkerung – Punjab, den Nordwesten Indiens, Sindh und Belutschistan – in „einem einzigen autonomen Staat innerhalb oder außerhalb des britischen Reichs“ zu vereinen. Obwohl er neun Jahre vor der Unabhängigkeit Indiens, Pakistans und Bangladeschs starb, wird er als Vater der Idee eines Staats der muslimischen Inder angesehen, der neben Indien, dessen Bevölkerung mit sehr großer Mehrheit hinduistisch ist, existiert.

Die vielfältigen, politischen, religiösen und militärischen Verkrampfungen im heutigen Pakistan, zu dessen Entstehung er beigetragen hat, sind jedoch, wie Charles Taylor sagt,[57] eine ständige Verleugnung des Wesens seines Denkens. Dieses Denken ist nämlich gerade gegen diese „Verkrampfungen“ gerichtet, gegen die Versteinerung einer Wirklichkeit, deren Wesen die Bewegung ist. Und wenn man die ganze Bedeutung von Iqbals Philosophie in ein Wort fassen müsste, so könnte dieses Wort durchaus *Unvollendetheit* sein: Unvollendetheit der Welt, die immer dabei ist, sich zu ereignen, Unvollendetheit der Menschlichkeit, die sich immer in einer *Person* erfüllen muss.

Leibniz sagt von den Handlungen der Monade, dass sie die zeitliche Entfaltung dessen darstellen, was in ihnen *ab initio* ist, so wie das logische Subjekt die Gesamtheit seiner Prädikate umhüllt (*praedicatum inest subjecto*). Er insistiert jedoch auch darauf, dass von der Perspektive der Monade aus ihr Wille in jeder ihrer Handlungen frei ist. Um ein Lieblingsbeispiel des Philosophen herzunehmen: Cäsar hat die freie Entscheidung, den Rubikon zu überschreiten oder nicht. Die Welt ist für seine Handlung offen und seine Tat wird Geschichte machen, das heißt ihn in die eine oder andere Richtung führen. Doch vom Gesichtspunkt der Gesamtheit aus, das heißt der Welt, wie Gott in seiner Weisheit entschieden hat, dass sie sein soll, ist Cäsars Entscheidung, den Rubikon zu überschreiten, absolut notwendig. Sie steht bereits geschrieben und die Tinte ist getrocknet. Um zu erklären, dass beide Perspektiven gleichermaßen wahr sind, dass die Welt offen für die Freiheit des Subjekts und notwendig ist, weil sie auch die beste aller möglichen Welten ist, verwehrt sich Leibniz dagegen, dem Fatalismus Recht zu geben. Der Fatalismus entspricht eher der Weltsicht oder der Kosmologie des Islam, daher nennt er ihn *fatum mahometanum* oder *fatum à la turque*. Wenn Muhammad Iqbal feststellt, dass die koranische Kosmologie die Kosmologie einer sich kontinuierlich hervorbringenden, offenen Welt ist, dann stellt er sich auch dem Vorurteil entgegen, dass die Lehre des Buches der Muslime natürlicherweise in dem Glauben Gestalt annimmt, dass alles bereits geschrieben steht. Er stellt sich der Verschließung in die „Illusion des Schicksals" (wie Amartya Sen sagt) entgegen.

Das Schicksal lässt sich auf zwei unterschiedliche Arten verstehen, die anhand der Geisteshaltungen, die sie bewirken, erhellt werden können. Die erste Art, das Schicksal aufzufassen, lässt sich im Begriff des *fatum à la turque* zusammenfassen, es handelt sich um eine passive Resignation gegenüber dem, was man für den allmächtigen Willen Gottes hält, der immer von *außen* kommt. Dieser Haltung, sagt Iqbal, steht ein aktiver Fatalismus gegenüber, dessen Pervertierung die erste Haltung darstellt. In einem Wort: Der aktive Fatalismus besteht in dem Glauben an das, wie man sagt, *eigene* Schicksal, in dem Glauben, dass die eigene Handlung mit jener Handlung, die der Feder, die schreibt, was sein soll, entspringt, zusammenfällt, weil man selbst die Feder und die Tinte ist, die dieses Schicksal vorzeichnen. Das ist der Fatalismus der Männer und Frauen der Tat.

Was den passiven Fatalismus betrifft, so ist er die Folge einer regelrechten Selbstaufgabe, die auf einer Zeitkonzeption und Kosmologie beruht, wonach in einem geschlossenen Universum die vorherbestimmte Zukunft gewissermaßen auf Lager liegt, bereit, nach der festen und unvermeidbaren Ordnung der Ereignisse abgespult zu werden. Eine Ordnung, die man folglich als etwas ansehen kann, das die schöpferische Aktivität Gottes selbst in Ketten legt. Das heißt, sagt Iqbal, eine Kosmologie für Astrologen, denn nur für sie hat der Begriff der Vorhersage einen Sinn: Sie *sehen* die Zeit als einen gegeben Raum.

Bergson sagte, dass wir das, was wir für die Zeit halten, nur in räumlichen Bildern darstellen, im Bild vom fließenden Fluss oder von einer geometrischen Linie, die man zieht … Wir scheinen keine andere Wahl zu haben, als auf diese Bilder zurückzugreifen, denn so funktioniert unser Verstand, wenn wir die Zeit zu erkennen versuchen. Um seinen Gegenstand zu verstehen, beginnt dieser Verstand, ihn in Teile zu zerlegen, daher bietet er uns nur eine serielle, kinematische Sichtweise der Zeit.

Diese Zeit, sagt Iqbal mit Bergson, die als eine Reihe von Augenblicken erscheint, die einander ausschließen, ist eine Zeit, die nichts tut, weil sie nicht lebt. Und sie ist mit einem Universum verbunden, das sodann eine Ansammlung endlicher Dinge innerhalb einer Leere ist, in der nichts geschieht.

Um die Zeit anders zu denken, liest der indische Dichter und Philosoph den Koran neu und versucht hinter dem überlieferten Bild, in das man die Idee der Schöpfung einschließt, einen neuen Sinn zu finden. Man versteht die Schöpfung als abgeschlossene Handlung, durch die Gott die Welt mit einem *fiat* auf einen Schlag hervorgebracht hätte, um sie sodann als vollendet zu betrachten. Man muss aber den vollen Sinn jenes prophetischen Zitats, das Iqbal oft anführt, weil es den Kern seines Denkens enthält, verstehen: „Macht nicht die Zeit schlecht, denn die Zeit ist Gott." Diese Tradition sagt, dass die Zeit das Sein selbst ist, und nicht bloß sein Ort. Reduziert man sie auf den Raum und unterlässt man es somit, sie wirklich zu denken, unterlässt man es auch, das Sein in seiner wesentlichen Spannung zu denken.

Gott wirkt in seinem Schöpfungsakt, der sich nicht erschöpft, immer fort, und die aus diesem Akt ununterbrochen hervorquellende Welt ist eine Welt in Bewegung. Das Universum, schreibt Iqbal, ist nicht „als Ganzes gegeben", als ein vollendetes, unbewegliches und zur Veränderung unfähiges Erzeugnis. Und er fügt einen Satz hinzu, den sein Dichtertemperament ihm in diesem Prosatext zu diktieren scheint: „Tief in seinem Inneren liegt vielleicht der Traum von einer neuen Geburt."[58] Iqbal besingt insbesondere in seiner Dichtung, dem höchsten Ausdruck seiner Philosophie, die irdische Zeit der kontinuierlichen Schöpfung, des Lebendigen, im Gegensatz zu dem, was eine überirdische Zeit wäre, die sich selbst gleich immer aufs Gleiche hinausläuft. Das wahre Leben, gegen das der Tod nichts vermag, besteht in ständiger Erneuerung und Differenz und nicht in Wiederholung und Identität. In der Gedichtsammlung *Gabriels Flügel* finden sich die Verse:

Mustaphas Himmelfahrt lehrt mich dies:
Der Himmel bleibt in Reichweite der Menschenwelt.
Vielleicht ist dieses Universum noch unvollendet:
Man hört sagen „es werde!“ und schon ist es.[59]

Man beachte hier die Art und Weise, wie der Dichter in diesen Zeilen den Sinn der *Miraj*, der Himmelsreise des Propheten („Mustapha“ ist nämlich einer der Namen des Propheten Mohammed), darstellt: Nicht die Wahrheit kommt vom Himmel herab, sondern die irdische Zeit des Lebens greift auf den Himmel über, „der in seiner Reichweite ist“, um ihn die Unabgeschlossenheit zu lehren und ihm zu entdecken, dass das schöpferische Wort, das göttliche *fiat*, das „es werde“, noch immer am Werke ist, und ein ums andere Mal von neuem ans Werk geht. Es handelt sich nicht mehr um die unbewegte Welt der Sterne, deren bewegungslose Zeit die Welt der Zeugung regiert, sondern die Zeit des Biologischen prägt der Astronomie ihre Rhythmen auf, um sie in einer Kosmologie des *élan vital* zu umfassen. „Du bist“, sagt ein Vers Iqbals, „lebendige Erde, du hängst nicht von den Sternen ab.“[60]

Man darf nicht annehmen, dass es sich hierbei ausschließlich um den Niederschlag des Einflusses Bergsons, also um eine Poetisierung der Kosmologie der Emergenz durch den indischen Philosophen handelt, der sich vom Autor der *Schöpferischen Evolution* hat inspirieren lassen.

Iqbal behauptet vielmehr, dass diese Kosmologie die des Korans ist, und er zitiert mehrere Suren, die alle den Sinn haben, die Unvollendetheit der Welt zu betonen und sie als kontinuierliche Schöpfung aufzufassen. So erinnert er an den Vers 29:19, der sagt: „Sehen sie nicht, wie Allah Schöpfung hervorbringt und sie dann wiederholt? Das ist fürwahr ein leichtes für Allah." Und an den Vers 35:1: „Er fügt der Schöpfung hinzu, was Ihm gefällt". Auch andere Verse können angeführt werden, die alle aufzeigen, dass die von Gott hervorgebrachte Welt in ständiger Erneuerung begriffen, der immer neu geträumte Traum einer neuen Geburt ist.

Das Wichtige und Bedeutsame an Iqbals Denken, das dieses Denken zum Horizont jeder modernen Philosophie im Islam macht, ist gerade, dass es gänzlich auf dieser Lesart der koranischen Kosmologie als andauernder Emergenzbewegung gegründet ist. Und deshalb muss die „Wiedergeburt" des Denkens im Islam als Befreiung einer Bewegung verstanden werden, die sich versteinert hatte, und nicht als äußeres Aufpfropfen einer Modernität – die im Allgemeinen auf ihre technischen Zeichen reduziert wird – auf ein unbewegtes Wesen.

Die reaktiven Fundamentalisten sind „modern", insofern sie einem Geist des bloßen Zusammenstückelns folgen, wohingegen Iqbal die Dinge an der Wurzel packt, indem er zeigt, dass es zuerst darum geht, eine wahrhafte philosophische Wiederaufnahme des Eigenen als Bewegung zu vollziehen. Die konservativen Kräfte, die in den muslimischen Gesellschaften so mächtig sind, haben die Angst vor Erneuerung verbreitet. Sogar das Wort „Erneuerung" ist in der Praxis synonym mit „tadelswerte Erneuerung" geworden, wobei der Tadel sich einfach darauf richtet, dass man von einem Modell abweicht, das selbst durch retrospektiven Starrsinn fabriziert wurde.

Der indische Dichter fördert die Emergenzkosmologie zutage, die die Abwertung der Zeit verbietet, das heißt die Leugnung ihres schöpferischen Aspekts, die sie als das ansieht, was „die damalige Zeit“ angreift. Damit beabsichtigt er, das Denken wiederaufzurichten, indem er zeigt, dass die Untreue nicht die Annahme des Unterschieds, sondern im Gegenteil die Weigerung zur Erneuerung ist, die Ablehnung der Bewegung, die das Leben selbst ist.

Die Behauptung, dass die Welt unvollendet ist, bedeutet, dass sie für die verändernde Tat des Menschen offen ist. Dieser zielt in dieser Handlung auf seine eigene Vollendung ab, die darin besteht, ein *Individuum* hervorzubringen. Die Frage der Individualität, die im Zentrum Muhammad Iqbals Denken steht, lässt, so schreibt er in *Die Metaphysik in Persien*, zwei gegensätzliche philosophische Positionen entstehen, die gemeinsam die folgende metaphysische Alternative bilden: entweder ontologischer Pluralismus oder Monismus des Seins, für den kein Schöpfungsakt das Höchste Sein aus sich selbst herausbringen kann.

Ein Beispiel für diese Alternative ist, dem indischen Philosophen zufolge, die Antwort, die Leibniz' Monadologie dem spinozistischen Substanzmonismus entgegenbringt. Sein eigenes Verständnis des Individuums (oder des Ego oder auch des Selbst) ist Teil der pluralistischen Reaktion auf den Monismus des Seins, in dem er die Metaphysik des Sufismus befangen sieht, die er im Namen einer Philosophie der Tat ablehnt. Iqbals Welt ist ein Universum von Monaden. Er stimmt mit Leibniz auch darin überein, dass das, was nicht wirklich *ein* Sein ist, auch nicht wirklich ein *Sein* ist. Das Sein ist für ihn nämlich eine Spannung hin zur Einheit, zum Selbst, zu dem, was beim Menschen die Persönlichkeit ist.

Bergson hat geschrieben, dass die Tendenz zur Individuation eine charakteristische Eigenschaft des Lebens ist. Er sieht sie überall in der organischen Welt am Werk und zugleich stellt er die ihr entgegengesetzte Tendenz zur Wiederholung oder zur Reproduktion fest. Das Individuum kann sich nur dann als solches völlig vollenden, schreibt er zu Beginn von *Schöpferische Evolution*, wenn jeder Teil seines Organismus, der von diesem getrennt würde, es allein nicht schaffte zu leben. Doch in diesem Fall wäre die Reproduktion unmöglich. Somit kann man sagen, dass die Individualität ihren Feind in sich selbst trägt. Die Individualität existiert letztlich niemals als Zustand; noch einmal, sie ist eine graduelle Spannung und niemals völlig verwirklicht, nicht einmal beim Menschen, schreibt Bergson.

Das Iqbal'sche Denken des Individuum-Werdens bildet die Konvergenz zwischen der koranischen Kosmologie und dem Bergsonismus. Das einzige vollendete Individuum, sagt der Dichter, das einzige perfekte Ego ist der Eine, denn nur bei ihm findet sich keine feindliche Tendenz, die aus ihm selbst kommt. Er ist umfassend, unvergleichlich und einzigartig. Im Unterschied zum göttlichen „Ich bin" ist das als lebendige Einheit noch unvollkommene menschliche „Ich bin" Unvollendetheit, Streben zu mehr Einheit und daher Sein. Die ganze Schöpfung ist somit nach einer Skala angeordnet, auf der der Grad der Verwirklichung der Individualität variiert, und nur das existiert wahrhaft, sagt Iqbal, was „ich bin" sagen kann. „Ich bin, ich existiere", das lässt sich nicht in der Einsamkeit und der Meditation als Ausnahme von der Hypothese eines bösen Geistes antreffen. Das Iqbal'sche „ich bin" lässt sich erlangen und aufbauen im Akt der Veränderung der Welt, der sie zu ihrer Vollendung bringt.

Die Dichtung des indischen Philosophen wimmelt vor Bildern, die diese Bewegung zur Einheit des Selbst ausdrücken, in der das Sein *besteht*. So schreibt er, dass die Welle nur existiert, insofern sie von ihrer eigenen Bewegung gebildet wird, wohingegen „der Berg sein Ich verliert/er wird zu einem Haufen Sand". Der Mensch ist dazu berufen, der Mitarbeiter Gottes im endlosen Werk der Vollendung der Welt zu sein. Weil in ihm die kosmische Bewegung Selbstbewusstsein erlangt, hat er die Verantwortung, sie durch seine Tat zu begleiten. Die objektive Seite dieser Tat ist das Unternehmen der Weltveränderung, in dem das menschliche Ego entdeckt, was es bedeutet, die Schöpfung fortzusetzen. Iqbal stellt den Dialog des Menschen mit Gott folgendermaßen dar:

Du schufst die Nacht, doch ich die Lampe;
Du schufst den Ton, ich den Kelch.
Du hast erschaffen Wüsten, Täler, Berge,
Ich Fußböden, Gärten, Rosenhaine.
Ich bin es, der das Glas aus dem Stein gezogen,
und das Gegengift aus dem Gift.[61]

Im „Ich bin es" findet sich die subjektive Seite der Tat, die Art und Weise, wie sie dem Menschen die Persönlichkeit offenbart, deren Träger er ist oder vielmehr die zu erreichen er die Aufgabe und Verantwortung hat. Wie Afghani, aber, könnte man sagen, auf philosophischere Weise, ist Iqbal wütend über den retrospektiven Starrsinn und die kontemplative Haltung. Beide stellen nämlich einen Verrat an dem dar, was man zu sein hat, eine Gleichgültigkeit gegenüber dem, was das Pfand impliziert, das dem Menschen anvertraut wurde. Der Dichter erinnert mit vielen Koranzitaten daran, was es bedeutet, dass „der Mensch der Erwählte Gottes" ist (vgl. 20:122, wo es von Adam heißt, dass „sein Herr ihn erwählt hat"), nämlich dass trotz all seiner Verfehlungen er den Auftrag hat, der Stellvertreter Gottes auf Erden zu sein (2:28 und 6:165), weil er das Pfand erhalten hat, das nur er unter allen Geschöpfen auf eigene Gefahr hin angenommen hat: „Wir boten das vollkommene Vertrauenspfand den Himmeln und der Erde und den Bergen, doch sie weigerten sich, es zu tragen, und schreckten davor zurück. Aber der Mensch nahm es auf sich; doch er erwies sich als ungerecht und unwissend." (33:72).

Für Iqbal ist dieses Pfand das der Persönlichkeit und der Freiheit. Der Mensch ist somit das Wesen, dessen Berufung es ist, am Leben und an der Freiheit des höchsten Ego, das ihm darin vollen Spielraum gibt, teilzuhaben.

Insbesondere der Sufismus sieht im Menschen eine Brücke zum vollendeten Menschen. Iqbal versteht das gern im Vergleich zu dem, was Nietzsche vom Menschen als ständiger Selbstüberwindung hin zu einer höheren Existenz sagt. Der deutsche Philosoph ist somit eine wichtige Gestalt unter den Persönlichkeiten im *Buch der Ewigkeit*, denen der Dichter auf seiner Reise durch die Himmel nach dem Vorbild von Dantes *Göttlicher Komödie* oder der *Miraj* begegnet. Nietzsche wird im Übrigen mit einer zentralen Gestalt in der Geschichte des Sufismus verglichen, mit Al-Hallaj, der 922 in Bagdad wegen Häresie hingerichtet wurde, weil er erklärt hatte: „Ich bin die Wahrheit." Dieser Märtyrer des Sufismus wird in Iqbals Denken zum Zeugen der Philosophie des freien Individuums. Die Voraussetzung dafür ist vor allem, ihn von der pantheistischen Interpretation zu befreien, die seinem „Leiden" gegeben wurde. Seine Gleichsetzung mit der „Wahrheit" entspricht nicht dem Rausch des Wassertropfens, der durch Absorption zum Ozean wird. Sie ist auch nicht der Wahn des Falters, der sein Selbst aufgibt, indem er sich in die Flamme wirft, gemäß einem geläufigen Bild in der sufistischen Dichtung. In dieser Gleichsetzung liegt, wie Iqbal sagt, der die Arbeit der Rekonstruktion des Sinns des „Leidens" gutheißt, die Louis Massignon geleistet hat, vielmehr Bejahung der Festigkeit und Fortdauer des menschlichen Ego, sofern es sich als Persönlichkeit verwirklicht.

Der Sufismus der *vita contemplativa*, der glaubt, dass das Ziel ist, zu *sehen*, um sich sodann in dem zu verlieren, worüber man kontempliert, steht im Widerspruch zu dem, was das Pfand verlangt, das dem Menschen anvertraut ist. Es geht nicht darum, zu *sehen*, sondern darum, zu *sein*, indem man sich der harten Wirklichkeit einer offenen und zu verändernden Welt stellt. In dieser Weise muss man Iqbal zufolge auch die Bedeutung der Himmelsreise des Propheten verstehen:

Was meint die „Himmelfahrt":
Das Suchen nach einem Zeugen nur,
Der deine Wirklichkeit bekräftigen mag –
Einen Zeugen, dessen Bekräftigung allein dich ewig macht.
Niemand vermag ohne Erzittern in Seiner Gegenwart steh'n;
Und wer es vermag, ist wahrlich von reinem Gold.
Bist du ein bloßes Teilchen von Staub?
Deines Egos Knoten zieh fest zu;
Und halte dich geschwind an dein kleines Sein!
Wie glorreich es doch ist, das eigene Ego zu polieren
Und seinen Glanz zu prüfen im Sonnenlicht!
Meißle also aufs Neue deine alte Gestalt;
Und erbaue ein neues Sein.
Solches Sein ist wahres Sein;
Sonst wäre dein Ego nichts als ein Ring von Rauch![62]

Iqbal zitiert diese Verse als Abschluss seines Buches *Die Wiederbelebung des religiösen Denkens im Islam*. Sie stammen aus seinem *Buch der Ewigkeit*, wo sie in die Erklärung der „Geheimisse der Miraj" durch den persischen

Mystiker Rumi einfließen. Iqbal hält sich nämlich über alle anderen möglichen Einflüsse hinausgehend für den Schüler dieses Dichters aus dem 13. Jahrhundert, der ihm als Führer für die Reise durch die Himmelssphären dient, welche das *Buch der Ewigkeit* ist. Rumi erteilt uns zwei Lektionen, die uns lehren, wie man im Islam heute philosophieren muss, um eine Zukunft und offene Gesellschaften zu schaffen. Die erste Lektion ist, dass Entwicklung uns als Denkweise in Fleisch und Blut übergehen muss. Es bedarf eines evolutionären Denkens, das uns befähigt, wie es Pierre Teilhard de Chardin in Fortführung Bergsons sagt, in der Dauer die „biologische Raum-Zeit"[63] zu sehen. Dieses Denken findet der indische Dichter bei Rumi, von dem er oft folgende Verse anführt:

Er kam zunächst in unbelebte Zonen,
um später in der Pflanzenwelt zu wohnen.
Als Pflanze lebte er in langen Jahren,
und er vergaß, was er als Stein erfahren.
Wenn er von Pflanzen sich zum Tier begeben,
vergisst er ganz das früh're Pflanzenleben.
Nur eine Neigung ihn damit verbindet,
im Lenz vor allem, wenn er Kräuter findet,
wie sich das Kind nicht von der Mutter trennt,
wenn's auch der Neigung innern Grund nicht kennt,
und wie der neue Jünger liebt so sehr
den Meister, seinen Leiter, rein und hehr.
Vom Urverstand ist er nur Teilgedanken,
vom Rosenzweig stammt jenes Schattens Schwanken.
In ihm wird einst der Schatten ganz verschwinden,
Geheimnis seines Suchens wird er finden.
Wie, dass des Zweiges Schatten sich bewegte,
oh holder Freund, wenn nicht der Baum sich regte?
Zum Menschentum führt ihn sodann vom Tier
der große Schöpfer, der bekannt auch dir.
So zog von einem er ins andre Land,

bis stark er ward, mit Wissen und Verstand.
Die ersten Seelen kann er nicht mehr kennen –
er muss sich auch von dieser Seele trennen,
Dass er dem gierigen Verstand entgehe,
und den Verstand, den wundervollen, sehe.[64]

Die zweite Lektion ist, dass die Evolution auch eine ständige Vertiefung der Individualität ist. Die zwei Lektionen Rumis bündeln tatsächlich den ganzen Sinn der Philosophie der Bewegung und der Unvollendetheit, mit der Iqbal versucht, das religiöse Denken im Islam wiederzubeleben: Die Himmelsfahrt ist gerade der Drang des Lebens zur Beständigkeit und Einheit eines „Ich bin", das durch die Tat entsteht; die Welt ist offen und schreitet zu ihrer Jugend fort, weshalb die Gesellschaft immer mehr in Richtung Offenheit und Emanzipation von jedem und jeder gehen muss. Man muss die Bewegung verstehen, um zur Reform zu schreiten.

Schluss
Pluralismus

Das Offene ist das Unbestimmte oder Unbegrenzte. Es ist auch das Plurale. Für Bewegung und Offenheit zu denken – darin sieht dieses Buch die Bedeutung des Unternehmens, „im Islam zu philosophieren" –, heißt also auch, für den Pluralismus zu denken. Kehren wir dafür zur Überlieferung des Ausspruchs über die dreiundsiebzig Sekten zurück, der bekanntlich von Ghazali in *Errettung aus dem Irrtum* verwendet wird, um die Dringlichkeit aufzuzeigen, diejenige zu wählen, die allein das Heil verspricht. Erinnern wir uns auch an den Eifer des Theologen, mit dem er in der bewegten Zeit, in der er lebte, die „gute" sunnitische Sekte, die sich auf die „wahre" ascharitische Theologie stützt, zu verteidigen und zu veranschaulichen bemüht war. Aber ist er nur ein fanatischer Verfechter der offiziellen Orthodoxie? Oder ist er es wesentlich? Stellen wir die Frage anders: Hat er am Ende seines sowohl existenziellen als auch methodischen Zweifels auf sicheren Grundlagen darlegen können, welche die richtige Sekte wäre, die alle anderen ausschließt?

Und wäre dies *wirklich* schon alles, was er zu tun versuchte?

Wenn die Antwort, zu der er am Ende seines Weges gelangte, darauf hindeutet, welche Frage ihn *wirklich* beschäftigte, dann suchte er also nicht die einzige orthodoxe Sekte, sondern den Frieden seines Herzens, das damit begonnen hatte, sich von jeder Sektenzugehörigkeit zu lösen. Wenn man seine *Errettung aus dem Irrtum* liest, wie wir dazu eingeladen sind, es zu tun, nämlich als *Bekenntnisse* von jemandem, der „ich" sagt und nicht „wir" (der augustinische Titel wurde tatsächlich als Titel einer englischen Übersetzung des Werks verwendet), dann muss man wohl annehmen, dass das, was er suchte, und das, was er fand, etwas ist, das über die dreiundsiebzig Sekten hinausging. Oder sollte man eher sagen, dass es in jeder von ihnen vorhanden war?

Die Wahrheit des Hadith der dreiundsiebzig Sekten besteht, wenn man es wohl bedenkt, nicht in der Ausschließung, sondern im Pluralismus, anders gesagt, in der Fähigkeit, ein nicht-sektiererisches Verständnis der Wahrheit zu erlangen und das Augenmerk auf die Art und Weise zu legen, in der die Wahrheit in den Sekten und außerhalb von ihnen erscheint. Demnach ließe sich sagen, dass, wenn der Hadith von dreiundsiebzig Sekten spricht, diejenige, die erlöst werden wird, die vierundsiebzigste Sekte ist, die sich außerhalb aller anderen verortet. Diese Sekte über den Sekten, die nur virtuell existiert, ist die, die von all jenen gebildet wird, die, wiewohl sie auch Mitglieder einer der dreiundsiebzig Sekten sind, es verstehen, aus sich selbst herauszutreten und ein Verständnis der Zugehörigkeit, das einen in dem Maße einsperrt, wie es andere aussondert, aufzugeben. In *Das Kriterium der Unterscheidung zwischen Islam und Gottlosigkeit* verurteilt Ghazali unmissverständlich den Fanatismus und die Auswüchse der Sekten, die sich gegenseitig der Ungläubigkeit bezichtigen, und er erklärt denjenigen für unwissend und dumm, der vorgibt, der Unterschied in der Lehre sei ein Zeichen der Ungläubigkeit. Wenn er in diesem Werk weiterhin die Philosophen im Namen des Prinzips, das besagt, dass man nicht „das Herz der gewöhnlichen Leute beunruhigen“ solle, auf Distanz hält, so widersetzt er sich doch völlig der intoleranten und auf Ausschließung abzielenden Interpretation des Hadith der dreiundsiebzig Sekten, die er zu vertreten schien. Er liefert jetzt sogar eine Version, die sich dieser Interpretation radikal entgegensetzt. Mit der Aussage des Propheten bezüglich der unvermeidlichen Wirkungen der Zeit und der Zwangläufigkeit, mit der es noch zur Vermehrung der Divergenzen kommen wird, verhält es sich gemäß der Version, die Ghazali zitiert, in Wirklichkeit so: „‚Meine Gemeinschaft wird sich in mehr als siebzig Gruppen aufspalten. Alle werden ins Paradies kommen bis auf die Gottlosen.‘ Und mit den Gottlosen ist eine Religionsgruppe gemeint.“[65]

Ein Ausspruch des Propheten über die Pluralität und den Unterschied, der von manchen in einer negativen, sektiererischen und ausschließenden Version überliefert wurde, während andere eine positive, pluralistische und einschließende Version überlieferten? Wer hat sich also verhört? Es gibt zahlreiche Fälle, wo die Taten, Gesten oder Worte des Apostels des Islam mit Varianten überliefert sind, doch hier scheint man einem regelrechten Widerspruch gegenüberzustehen. Außer, man versteht eben im ersten Fall, dass die Sekte, die gerettet wird, diejenige ist, die den Unterschied aufnehmen kann, und deren Mitglieder sich in jeder Gruppe wiederfinden können; und im zweiten Fall, dass nur diejenigen nicht gerettet werden, die eben eine dualistische, radikale und manichäistische Sichtweise haben: Wer nicht mit mir ist, wird in die äußere Finsternis zurückgeworfen.

Diese Ersetzung der Frage der historischen Wahrheit unterschiedlicher Versionen durch eine Interpretation, die die Bedeutungen versöhnt, kann sich im Übrigen auf andere verbürgte Überlieferungen berufen, die Divergenz sogar als Barmherzigkeit preisen. Ghazalis Weg führt uns letztlich zu dieser Preisung. In Wahrheit ist es dies – und nicht seine Rolle als Verfechter einer unauffindbaren Orthodoxie –, was ihn zu einem „Beweis des Islam" macht.

Eine pluralistische Philosophie, die die Sekten miteinander versöhnt, die geschichtlich die Welt des Islam gespalten haben und sie weiterhin spalten? Und was ist mit der Versöhnung mit den anderen Religionen? Und der Versöhnung mit den „Ungläubigen"?

Springen wir nun in die frühen 1930er-Jahre nach Mali, als es unter französischer Kolonialherrschaft stand, genauer gesagt in die kleine Stadt Bandiagara, die 1770 von einem Jäger der Dogon gegründet worden war und die die Nachfolger von al-Haddsch Umar Tall ausbauten, als sie sie zur Hauptstadt des islamischen Tukulor-Reichs machten, das er gegründet hatte. In der Stadt lebt und lehrt ein Islamgelehrter. Er ist der Großneffe al-Haddsch Umar Talls, sein Name lautet Bokar, Sohn von Salif Tall, und man nennt ihn „Tierno", „Meister" in der Sprache der Peul. Er ist ein Würdenträger des sogenannten *Tidschaniya*-Sufismus, benannt nach seinem Gründer, dem Scheich Ahmad at-Tidschani (geboren 1737 in Ain Madi, Algerien, gestorben 1815 in Fès, Marokko). Seine Schüler lehrt er den Korantext, seinen Kommentar, Elemente des Rechts, der Theologie, den Sufismus … Aber vor allem bietet seine einfache Lebensweise ihnen das Beispiel eines frommen Mannes, der immer damit beschäftigt ist, die Zeichen und Lehren zu deuten, die in den Verhaltensweisen der Menschen und Tiere liegen. Sein berühmtester Schüler, der auch sein Biograf ist, Amadou Hampâté Bâ, nannte ihn später zu Recht „den

Weisen von Bandiagara“[66]. Tierno ist wahrscheinlich kein Philosoph, wenn man darunter jemanden versteht, der dazu ausgebildet ist, mit den etablierten Philosophien in einen Dialog zu treten. Doch er versteht es, der ewig schöpferischen Sprache zuzuhören, die nicht nur beim Menschen, sondern beispielsweise auch bei Hunden und Vögeln zum Ausdruck kommt und sie allesamt ununterbrochen in ihrem Sein erhält. Und auch das heißt philosophieren im Islam.

Einer der Schüler stellt dem Weisen eines Tages die Frage des Pluralismus in der Religion. Es geht nicht so sehr um Toleranz als vielmehr darum, ob die Pluralität eine Lehre enthält: „Tierno, ist es gut, mit Leuten anderen Glaubens zu sprechen, um Ideen auszutauschen und eine bessere Kenntnis ihres Gottes zu erhalten?“[67] Der Meister antwortet darauf mit der Lehre der Toleranz, die der Sufismus wesentlich in sich trägt, insofern seine Metaphysik auf der Überzeugung beruht, dass „es einen Glauben gibt, wie viele Religionen ihn auch ausdrücken mögen“[68]. Wahrscheinlich ist es möglich, sich vorstellen, dass der Glaube an Gott, der die Menschen so oft voneinander trennt und sie gegeneinander aufbringt, auch eine Art Bruderschaft der Gläubigen erzeugt, die über die jeweilige Form ihres Glaubens hinausgeht. Doch kann der Pluralismus, der auf der Überzeugung gründet, dass dieselbe Wahrheit sich in unterschiedlichen Gestalten des Glaubens zeigt, sich sogar bis zur Irreligiosität ausdehnen?

Anders gefragt: Liebt Gott den Ungläubigen? Darauf zielt die Frage des vollendeten Pluralismus, die der Schüler dem Weisen von Bandiagara stellt, tatsächlich ab: „Tierno, du sprichst immer von der Liebe Gottes, die alles umfasst. Doch liebt Gott auch den Ungläubigen?“[69]

„Ja“, antwortet der Meister und wendet sich damit gegen all die Unterscheidungen, von denen jene besessen sind, die, wie er es nennt, „an den Buchstaben haften“ und die auf diese Weise denjenigen verraten, in dessen Namen sie zu sprechen beanspruchen, das heißt denjenigen, der die Großzügigkeit gegenüber den Kindern Adams verkörpert, ohne „sie nach Ständen zu unterscheiden“. Und Tiernos „Ja“ ist genau das, was die Philosophie lehrt: die Weisheit der Liebe.

Danksagung

Ich danke denen, die die unterschiedlichen Editionen dieses Textes ermöglicht haben: Roger-Pol Droit, Ali Diallo, dann Boubacar Boris Diop, Felwine Sarr, Nafissatou Dia Diouf und Philippe Rey. Den Künstlern Serigne Ndiaye und Fayeq Oweis, die freundlicherweise die Erstauflage dieses Buches illustriert haben. Ich danke ihnen ebenso wie meinen Freunden, mit denen ich über dieses oder jenes Thema oder über die eine oder die andere Figur dieses Buchs diskutiert habe: Éli Cohen, Abdou Filai-Ansary, Nasrin Qader, Ramatoulaye Diagne-Mbengue, Namaïwa Boubé. Großer Dank gebührt, wie immer, meiner Frau Mariame Ly-Diagne für das, was sie zu diesem Buch beigetragen hat, das unserer Tochter und unserer Patentochter gewidmet ist.

Anmerkungen

1 Die Stelle seines *Opus Tertium*, wo Roger Bacon diese Beschreibung des Wegs des griechischen *studium* über seine unterschiedlichen Geographien und Sprachen liefert, wird im von Barbara Cassin herausgegebenen *Vocabulaire européen des philosophies: dictionnaire des intraduisibles* angegeben (Paris 2004, S. 1315).

2 Vgl. Musique et Danse selon Ibn Taymiyya, aus dem Arabischen übersetzt und herausgegeben von Jean R. MICHOT, Paris: Vrin 1991, S. 137.

3 Al-Chidr ist in der muslimischen Tradition ein engelsgleicher, bis zum Ende der Zeiten lebender Mensch. Grundlage dafür ist der in der Sure 18 genannte „Gottesknecht", dem Moses begegnet und dessen drei absurde Handlungen dort erzählt werden (A.d.Ü.).

4 Im Koran befiehlt Gott den Engeln, sich Adam unterzuordnen, nur der Engel Iblis weigert sich (A.d.Ü.).

5 Alle Koran-Zitate in diesem Buch werden nach Vergleich unterschiedlicher deutscher Übersetzungen der hier zitierten französischen Version angepasst. Es geht hier nicht so sehr darum, dem aktuellen Stand der deutschsprachigen Koranübersetzung gerecht zu werden, sondern vor allem darum, die Kohärenz der zitierten französischen Koranübersetzungen mit dem Text Diagnes zu bewahren (A.d.Ü).

6 Der frz. Ausdruck *avoir raison de*, der „jemanden besiegen" oder „stärker sein als" bedeutet, lässt in seinem Wortlaut die Vernunft (*la raison*) anklingen (A.d.Ü.).

7 Malek CHEBEL, *L'Islam et la raison. Le combat des idées*, Paris: Perrin 2006, S. 38.

8 Der Einfachheit halber ziehen wir die Schreibweise „Mutazilit" jener vor, die die arabische Aussprache besser anzeigt

(„Mu'tazilit"). In derselben Weise schreiben wir „Aschariya" und nicht „Asch'ariya", „Ghazali" und nicht „Al-Ghazali" und so weiter.

9 Seyyed Hossein NASR, *Islamic Philosophy from its Origin to the Present. Philosophy in the Land of Prophecy*, New York: Suny Press 2006, S. 124.

10 Die Erzählung von Al-Ma'muns Traum, der aus Nadims Katalog stammt, der am Ende des 10. Jahrhundert erstellt wurde, wird zitiert von Jean Jolivet in „Esquisse d'un Aristote arabe", in: *Penser avec Aristote*, Toulouse: Érès 1991, S. 177.

11 *Islam, La philosophie et le sciences*, Paris: Presses de l'Unesco 1981.

12 Alain de LIBERA, *La philosophie médiévale*, Paris: PUF 1993, S. 54.

13 Ebenda.

14 „Cicero's zwei Bücher academischer Untersuchungen", aus dem Lateinischen von Anton WESTERMANN, in: *Ciceros sämmltliche Werke: Cicero's philosophische Schriften. 2.* In deutschen Übertragungen, herausgegeben von Reinhold KLOTZ, zweiter Theil, Leipzig: Verlag von Carl Focke 1841, S. 123.

15 Vgl. Marc BERGÉ, *Pour un humanisme vécu: Abū Hayān al-Tawhīdī*, Damaskus: Institut français de Damas 1979.

16 Abdurrahman BADAWI, *La transmission de la philosophie grecque au monde arabe*, Paris: Vrin 1987, S. 21 f.

17 Abdelali ELAMRANI-JAMAL, *Logique aristotélicienne et grammaire arabe*, Paris: Vrin 1983, S. 151.

18 Vgl. Émile BENVENISTE, *Probleme der allgemeinen Sprachwissenschaft*, aus dem Französischen von Wilhelm BOLLE, München: Paul List Verlag 1974, S. 79–87.

19 ELAMRANI-JAMAL, *Logique aristotélicienne et grammaire arabe*, a.a.O., S. 151.

20 BENVENISTE, *Probleme der allgemeinen Sprachwissenschaft*, a.a.O., S. 86.

21 Ebenda, S. 87.

22 Abderrahman AL-AKHDARĪ, *Le Soullam. Traité de logique*, Algier: 1921.

23 Peter HEATH, *Allegory and Philosophy in Avicenna (Ibn Sinā). With a Translation of the Book of the Prophet Muhammad's Ascent to Heaven*, Philadelphia: University of Pennsylvania Press 1992.

24 Salomon MUNK, *Mélanges de philosophie juive et arabe*, Paris: Vrin 1988, S. 351.

25 AVICENNA, *La Métaphysique du Shifa*, Paris: Vrin 1985, Bd. 2, S. 177.

26 Ebenda.

27 Ebenda.

28 Muhammed Al-GHAZALI, *Der Erretter aus dem Irrtum*, aus dem Arabischen von Abd-Elsamad Abd-Elhamid ESCHAZALI, Hamburg: Felix Meiner Verlag 1987, S. 4 (Übersetzung modifiziert, A.d.Ü.).

29 Al-GHAZALI, *Der Erretter aus dem Irrtum*, a.a.O., S. 63 (Übersetzung teilweise modifiziert, A.d.Ü.).

30 Syed Ameer ALI, *The Spirit of Islam. A History of the Evolution and Ideals of Islam, with a Life of the Prophet*, London: Chatto & Windus 1974.

31 Ebenda, S. 469.

32 Ibn TUFAIL, *Hayy Ibn Yaqdhan. Ein muslimischer Inselroman*, herausgegeben von Jameleddine Ben Abdeljelil und Viktoria Frysak, Wien: Edition Viktoria 2007, S. 108.

33 *Traités mystiques d'Abou Alī al-Hosain b. Abdallah b. Sīnā ou d'Avicenne*, Amsterdam: Nachdruck von 1979 der Ausgabe von Leiden 1889–1899, III. Heft, S. 19.

34 TUFAIL, *Hayy Ibn Yaqdhan*, a.a.O., S. 91

35 Ebenda, S. 88–89.

36 Zitiert in Dominique URVOY, *Averroès. Les ambitions d'un intellectuel musulman*, Paris: Flammarion 1998, S. 88.

37 AVERROES, *Die entscheidende Abhandlung und die Urteilsfällung über das Verhältnis von Gesetz und Philosophie*, übersetzt von Franz SCHUPP, Arabisch–Deutsch, Hamburg: Felix Meiner Verlag 2009.

38 Es wurde ins Englische übersetzt unter dem Titel *Faith and Reason in Islam. Averroes' Exposition of Religious Arguments*, Oxford: Oneworld 2001.

39 „Einführung" zu *Livre de la sagesse orientale*, Lagrasse: Verdier 1986, S. 9.

40 Ernest RENAN, *Œuvres complètes*, Bd. I, Paris: Calmann-Lévy 1947, S. 946.

41 Ebenda.

42 Ebenda, S. 947.

43 Ebenda, S. 954.

44 Ebenda, S. 960.

45 RENAN, *Œuvres complètes*, a.a.O., S. 961.

46 Homa PAKDAMAN, *Djamal-ed-Din Assad Abadi dit Afghani*, Paris: Maisonneuve et Larose 1969, S. 242.

47 Alexandre Koyré beschreibt die Entstehung der modernen Wissenschaft, die mit der aristotelischen Kosmologie Schluss macht, als Übergang von der geschlossenen Welt zum unendlichen Universum (Alexandre KOYRÉ, *Von der geschlossenen Welt zum unendlichen Universum,* aus dem Amerikanischen von Rolf DORNBACHER, Frankfurt am Main: Suhrkamp 1969).

48 PAKDAMAN, *Djamal-ed-Din Assad Abadi dit Afghani*, a.a.O., S. 244.

49 Mohammed ABDOU, *Rissalat al-Tawhid. Exposé de la religion musulmane*, Paris: Librairie orientaliste Paul Geuthner 1965, S. 107 ff.

50 ALI, *The Spirit of Islam*, a.a.O., S. 229.

51 Ebenda, S. 232.

52 Hans-Georg EBERT und Assem HEFNY, *Der Islam und die Grundlagen der Herrschaft. Übersetzung und Kommentar des Werkes von Alî Ab dar-Râziq*, Leipziger Beiträge zur Orientforschung Bd. 24, Frankfurt am Main: Peter Lang 2010, S. 55.

53 Ebenda, S. 50.

54 Vgl. Paul Valérys *Cimetière Marin* Übertragung ins Deutsche von Ernst Robert Curtius (A.d.Ü.).

55 Henri BERGSON, *Schöpferische Evolution*, neu aus dem Französischen übersetzt von Margarethe DREWSEN, Hamburg: Felix Meiner Verlag 2014, S. 12.

56 *Letters and Writings of Iqbal*, Karachi: Iqbal Academy 1967, S. 103.

57 „Vorwort" zu Souleymane B. DIAGNE, *Islam et société ouverte. La fidélité et le mouvement dans la pensée de Muhammad Iqbal*, Paris: Maisonnueve et Larose 2001, S. 8.

58 Muhammad IQBAL, *Die Wiederbelebung des religiösen Denkens im Islam*, aus dem Englischen von Axel MONTE und Thomas STEMMER, Berlin: Verlag Hans Schiler 2004, S. 34.

59 Muhammad IQBAL, *L'Aile de Gabriel*, Paris: Albin Michel 1977, S. 47.

60 Ebenda, S. 107.

61 Muhammad IQBAL, *Le Message de l'Orient*, Paris: Les Belles Lettres 1956, S. 111.

62 IQBAL, *Die Wiederbelebung des religiösen Denkens im Islam*, a.a.O., S. 227.

63 Pierre Teilhard de CHARDIN, *Der Mensch im Kosmos*, aus dem Französischen von Othon MARBACH, München: Verlag C. H. Beck, 3. Auflage 2005, S. 253.

64 Übersetzung von Annemarie Schimmel, vgl. http://www.eslam.de/manuskripte/gedichte/rumi/rumi_arten_und_stadien_der_menschlichen_schoepfung_von_anfang_an.htm. (Letzter Zugriff am 2.7.2020, A.d.Ü.)

65 Muhammad AL-GAZALI, Über Rechtgläubigkeit und religiöse Toleranz. Eine Übersetzung der Schrift *Das Kriterium der Unterscheidung zwischen Islam und Gottlosigkeit*, eingeleitet, übersetzt und mit Erläuterungen versehen von Frank GRIFFEL, Zürich: Spur Verlag 1998, S. 75.

66 Amadou Hampâté BÂ, *Vie et enseignement de Tierno Bokar. Le sage de Bandiagara*, Paris: Seuil 1980.

67 Ebenda, S. 148.

68 Ebenda, S. 155.

69 Ebenda, S. 141.